MW01714990

conserver et restaurer le papier

Textes
Eva Pascual

Accessoires techniques et réalisations des exercices
Isabel Ayala

Adaptation française
Martine Richebé

Photographies
Nos & Soto

Secrétariat d'édition : Élodie Chaudière

© 2007 Éditions Gründ pour l'édition française
www.grund.fr

© 2005 Parramón Ediciones, S.A. pour l'édition originale sous le titre
Conservar y restaurar papel

ISBN 978-2-7000-1533-1
Dépôt légal : janvier 2007
PAO : APS chromostyle
Imprimé en Espagne

GARANTIE DE L'ÉDITEUR
Malgré tous les soins apportés à la fabrication, il est malheureusement possible que cet ouvrage comporte un défaut d'impression ou de façonnage. Dans ce cas, il vous sera échangé sans frais. Veuillez à cet effet le rapporter au libraire qui vous l'a vendu ou nous écrire à l'adresse ci-dessous en nous précisant la nature du défaut constaté. Dans l'un ou l'autre cas, il sera immédiatement fait droit à votre réclamation.
Éditions Gründ – 60, rue Mazarine – 75006 Paris

conserver et restaurer
le papier

Gründ

sommaire

introduction

Cet ouvrage, conçu par des restaurateurs professionnels, est un manuel pratique qui expose de façon claire et précise l'essentiel de ce qu'il faut savoir sur la conservation et la restauration d'objets à base de papier. Il offre l'avantage de mettre à la portée de tous des connaissances spécifiques à ce domaine. Les techniques élémentaires pour restaurer, conserver et exposer les œuvres ayant pour support le papier, sont expliquées de façon simple et précise, au travers, entre autres, de dix-neuf exemples concrets. Les méthodes exposées, bien que s'appliquant ici à des objets déterminés, peuvent aisément être transposées pour tout objet similaire, ce qui fait de ce livre un manuel de référence très complet. Des tableaux, faciles à consulter, récapitulent en outre, un certain nombre de conseils et d'informations pratiques.
Ce livre se compose de six chapitres. Le premier aborde la nature et les caractéristiques les plus importantes du papier. Il répertorie les principaux types de papier et les techniques artistiques et scripturales les plus courantes utilisant ce support afin de faciliter leur identification. Le second chapitre décrit dans le détail les détériorations affectant le papier, ainsi que les facteurs qui les provoquent. Dans le troisième et le quatrième chapitre, sont exposés respectivement, étape par étape, les processus de conservation et de restauration. Dans l'avant-dernier chapitre, nous vous montrons comment emballer, entreposer et exposer divers objets et œuvres sur papier, et vous apportons des solutions sûres pour les présenter de manière attrayante tout en assurant leur correcte conservation. Enfin, un dernier chapitre est consacré à la présentation des matériaux et outils employés dans les démonstrations.

le papier

1

Pour pouvoir conserver, restaurer et exposer correctement les objets à base de papier, documents, livres ou œuvres artistiques et graphiques, il est essentiel de bien connaître la nature de ce matériau et celle de ses composants, car elles définissent ses caractéristiques et conditionnent son comportement, comme sa conservation ultérieure. De même, la connaissance des principaux types de papier et des techniques artistiques les plus courantes est utile pour définir et choisir, dans chaque cas, la solution la plus adéquate, tout en offrant une information précieuse sur chaque pièce en particulier.

types de papier

Il est fondamental de savoir identifier correctement le papier que l'on a devant soi pour pouvoir traiter les objets et œuvres de façon adéquate. Toutefois, dans certains cas, l'identification peut s'avérer compliquée. C'est pourquoi vous trouverez ci-après une présentation détaillée de la composition du papier, les différences primordiales entre les principaux types de papier et les caractéristiques de chacun d'eux.

▸ qu'est-ce que le papier ?

La feuille de papier s'obtient à partir de l'union de fibres d'origine végétale (comportant une proportion variable de cellulose) préalablement traitées et raffinées avec d'autres matériaux : colle, charges, pigments, etc. Les fibres sont superposées et pressées à la manière d'un feutre.
Les fibres végétales sont formées de cellules dont la paroi primaire est en majeure partie constituée de cellulose (un polymère de molécules de glucose), ainsi que d'hémicellulose, de pectine et protéines. Les macromolécules de cellulose s'organisent en structures cristallines de microfibrilles et macrofibrilles qui, disposées en couches et unies par d'autres composants, forment la paroi cellulaire. Chez de nombreuses plantes, de la lignine se dépose sur la paroi cellulaire secondaire (qui entoure la paroi cellulaire primaire) et confère rigidité et robustesse au tissu végétal ; ainsi, les troncs des arbres (le bois) comportent des cellules aux parois secondaires épaisses, formées en grande partie de lignine.
La cellulose est une molécule très stable chimiquement, insoluble dans l'eau et hygroscopique (absorbant l'eau et se contractant en séchant). Elle se décompose en présence d'acide et se dégrade en raison de divers facteurs. C'est elle qui détermine les caractéristiques des fibres cellulosiques (fibres végétales composées d'une proportion variable de cellulose) qui constituent le composant essentiel du papier.

◂ Quand on déchire une feuille de papier, on peut aisément observer les fibres qui la composent.

PROCESSUS DE FABRICATION DU PAPIER

	TRADITIONNEL	MÉCANIQUE
EMPLOI	Processus employé jusqu'à la fin du XVIIIe siècle, quand apparurent les premières machines. Actuellement, en Occident, il n'est employé que pour fabriquer des pièces et papiers spéciaux, ou comme mode d'expression artistique. Le papier est fabriqué artisanalement au Japon, en Inde, en Thaïlande, en Équateur, au Népal, en Chine...	Processus inventé et développé au début du XIXe siècle, pour couvrir la forte demande en papier. C'est le processus actuellement employé pour fabriquer la grande majorité des papiers.
MATÉRIAU	Traditionnellement, on emploie des fibres végétales à forte teneur en cellulose : lin, chanvre, coton, etc. ou on recycle des chiffons de coton et de lin. Le papier Japon est fabriqué à partir de fibres de kozo, mitsumata et gampi.	À partir du XIXe siècle, on a commencé à employer aussi le bois comme matière première pour fabriquer du papier ; au milieu du siècle, il s'est entièrement substitué aux fibres traditionnelles.
PROCESSUS DE FABRICATION	Les feuilles sont élaborées une à une. On plonge la forme dans une cuve où la fibre (préalablement traitée et raffinée) se trouve en suspension aqueuse ; ensuite, on remonte la forme pleine de fibres en suspension (pâte) et on lui imprime des mouvements de va-et-vient pour l'égoutter. On couche alors la feuille sur un feutre et on la recouvre d'un autre feutre. On forme ainsi une pile de feuilles que l'on presse pour en éliminer l'eau résiduelle. Enfin, on extrait chaque feuille de la pile pour la mettre à sécher.	Le papier est élaboré en continu sur une machine pourvue d'une bande transporteuse qui couvre les diverses phases de fabrication. La formation de la feuille, son pressage, séchage et sa finition sont assurés par un ensemble de cylindres qui la soumettent à des conditions déterminées de pression, chaleur, vapeur, etc. suivant la phase de production et le type de papier fabriqué. On obtient ainsi de grandes bobines de papier.
CARACTÉRISTIQUES DU PAPIER	Les fibres n'ont pas de sens déterminé. Les feuilles peuvent présenter des barbes et des vergeures, ou encore des marques d'eau. En général, le papier ancien, confectionné avant la fin du XVIIIe siècle, présente une forte proportion de cellulose, est d'une bonne stabilité, reste blanc et n'est pas acide.	Il a un sens unique de fibres. Le papier fabriqué à partir de fibres issues du bois peut contenir de la lignine, des minéraux, des lipides et autres substances. Il est en général moins résistant que le papier à forte teneur en cellulose, tend à se dégrader, à jaunir et à s'acidifier. Il exige donc une conservation adéquate. Aujourd'hui, on fabrique industriellement des papiers renfermant moins de lignine et autres substances, pour assurer sa bonne conservation.
QUELQUES EXEMPLES	Sont artisanaux tous les papiers produits avant le dernier tiers du XVIIIe siècle.	Les papiers produits après le début du XIXe siècle et jusqu'à aujourd'hui sont des papiers fabriqués mécaniquement, à quelques exceptions près.

principales caractéristiques du papier

La connaissance des principales caractéristiques du papier, indépendamment de son type, facilite le classement de n'importe quelle pièce, la détection et la détermination de problèmes éventuels, ainsi que le choix, dans chaque cas, du processus et des matériaux les mieux adaptés à son traitement.

le grammage

C'est le poids du papier exprimé en g/m². Un papier de fort grammage est plus lourd et plus épais qu'un papier de grammage inférieur. En général, les papiers fabriqués de manière traditionnelle ou artisanale sont plus épais et, par conséquent, de plus fort grammage que les papiers similaires fabriqués mécaniquement ou industriellement ; ce n'est cependant pas une caractéristique permettant de les identifier sans erreur.

Les grammages des papiers peuvent varier du plus faible (papiers quasi transparents et vaporeux) au plus fort (papiers épais et compacts).

le sens des fibres

Dans le processus de fabrication du papier, les fibres en suspension s'adaptent au mouvement de l'eau. Elles s'ordonnent suivant ce mouvement et prennent, par conséquent, la direction imposée par le courant de l'eau. Ainsi, le sens des fibres du papier est déterminé par son processus de fabrication, les papiers élaborés mécaniquement ou industriellement présentant un sens unique de fibres. Cet aspect doit être pris en considération pour les papiers destinés à éditer des livres ou à être manipulés.

Si l'on déchire un papier industriel dans le sens des fibres, on obtient une découpe rectiligne, continue et nette.

En revanche, si l'on déchire un papier industriel dans le sens perpendiculaire à celui des fibres, la découpe obtenue est irrégulière, légèrement courbe.

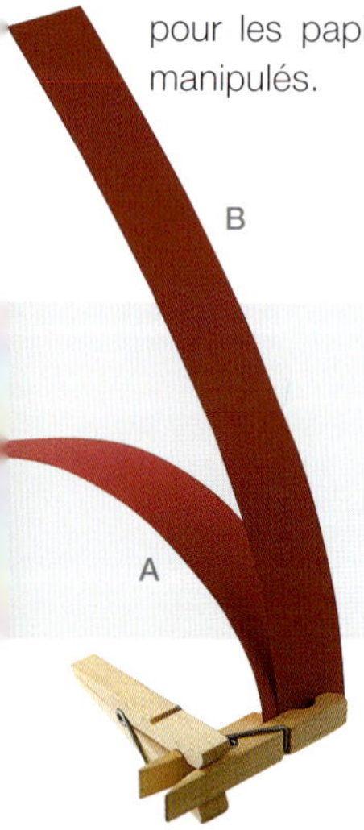

Le papier coupé dans le sens des fibres présente une plus grande flexibilité (A) et celui qui est coupé dans le sens perpendiculaire (B), une plus grande résistance.

le pH

Le pH est une valeur employée pour indiquer l'acidité ou l'alcalinité d'une substance. On le détermine en calculant la quantité d'ions d'hydrogène présents dans une substance donnée. Il se mesure sur une échelle de 0 à 14. La valeur moyenne, 7, indique un Ph neutre. Les valeurs de 0 à 7 indiquent que la substance est acide, et de 7 à 14 qu'elle est alcaline ou basique. Quand une substance est neutre, le nombre d'ions d'hydrogène (cations H+) et d'ions hydroxyles (anions OH-) est égal ; quand le nombre d'ions d'hydrogène est supérieur à celui des ions hydroxyles, la substance est acide. Le pH varie avec la température.
Cet aspect est fondamental, car un papier acide, s'il n'est pas traité correctement, peut entraîner la détérioration et la disparition de la pièce. Le traitement passe pas la désacidification par pulvérisation d'un composé alcalin sur le papier.

la vergeure et les barbes

Par vergeure, il faut entendre la trame de lignes de couleur claire qui sont marquées sur le papier fabriqué dans une forme dont le tamis est construit à l'aide de fines baguettes de bois cousues les unes à côté des autres. Les barbes sont les aspérités irrégulières des bords d'une feuille de papier.
Ces deux caractéristiques sont propres au papier artisanal, bien qu'on trouve aussi du papier industriel vergé et bordé de fausses barbes.

▲ Papier vergé. Les lignes parallèles, très serrées et nombreuses, séparées de quelques millimètres seulement, sont les marques des fines baguettes de bois de la forme et sont dénommées vergeures, alors que les lignes les plus fines dans le sens perpendiculaire, séparées de plusieurs centimètres, sont les marques des chaînettes, fils en bronze ou en laiton qui les maintiennent et reçoivent le même nom.

◄ Les barbes sont les terminaisons irrégulières des bords du papier ; elles diffèrent d'une feuille à l'autre.

papiers artisanaux

Les papiers de fabrication manuelle ou artisanale sont produits selon le processus traditionnel de fabrication du papier, les feuilles étant élaborées une à une. Ils possèdent en général un grammage supérieur à celui des papiers de fabrication industrielle, une légère texture superficielle et peuvent présenter des barbes, vergeures et marques d'eau. De nos jours, on fabrique une grande variété de papiers de manière artisanale, dont un exemple est le papier Japon.

▸ Papiers artisanaux à base de chiffons.

les marques d'eau

Également appelées filigranes, ce sont les dessins (accompagnés parfois de lettres) que l'on peut observer sur un papier tenu à contre-jour. Lorsqu'on regarde la feuille traversée par la lumière, on apprécie une légère différence d'épaisseur, le papier étant plus mince au niveau du dessin, dont les lignes apparaissent plus lumineuses. Le filigrane est obtenu avec un fil métallique cousu sur la forme servant à confectionner la feuille de papier ; une quantité moindre de fibres se dépose à l'emplacement de ce fil métallique lors de la formation de la feuille, ce qui explique qu'elle soit moins épaisse à cet endroit. Les marques d'eau sont propres aux papiers faits main ou artisanaux, bien qu'on trouve aujourd'hui des papiers industriels portant de fausses marques d'eau.

◂ Marque d'eau sur le papier du Museu Moli Paperer de Capellades (Barcelone, Espagne).

papier Japon

Dénommé à tort « papier de riz », le *washi* ou papier Japon est un papier aux fibres longues, résistantes et flexibles. Il est fabriqué principalement à partir de trois fibres provenant de trois espèces d'arbustes (*koso*, *mitsumata* et *gampi*). Le processus de fabrication respecte et conserve la longueur de la fibre, avec pour résultat un papier très robuste, bien que très fin et transparent ; parmi eux, le papier fabriqué à partir de fibres de *kozo* (les plus longues, épaisses et robustes) est celui qui présente la plus grande résistance.

◂ Divers papiers Japon.

papiers semi-artisanaux

Ils sont élaborés au moyen d'un procédé similaire au procédé traditionnel, mais partiellement mécanisé. L'affinage de la fibre et la fabrication de la feuille sont réalisés de manière mécanique. Les feuilles sont formées dans une forme ronde ou machine à faire le papier en semi-continu : un tambour giratoire prélève une quantité déterminée de fibres et les dépose sur une bande transporteuse continue en feutre, où des cylindres en extraient l'eau résiduelle. Le séchage et la manipulation s'effectuent ensuite de manière traditionnelle. Ce système facilite le travail sans nuire à la qualité du papier. On l'emploie pour fabriquer des papiers spéciaux, servant de support aux œuvres d'art.

▸ Divers papiers pour œuvres d'art.

papiers mécaniques

Les papiers mécaniques ou industriels sont les plus couramment employés pour la fabrication d'objets, éléments et livres, ou comme support d'œuvres documentaires. Celui qui est le plus souvent utilisé est fabriqué directement à partir de fibres issues du bois (fibres convenablement traitées et raffinées), bien qu'il en existe d'autres, notamment ceux indiqués pour la conservation.

◂ Papier mécanique d'usage courant, fabriqué industriellement.

papier permanent ou Barrière

Le papier permanent ou papier Barrière possède des caractéristiques physiques et chimiques qui lui garantissent une meilleure durabilité que celle des papiers habituels. On l'obtient au moyen de la régulation en basses concentrations ou l'annulation de certaines substances (lignine) et additifs (agents de blanchiment, colles...). Il est alcalin, résistant à l'oxydation et aux dégradations, et il se conserve donc très bien. Il est identifié sur son emballage par le symbole mathématique de l'infini, inscrit dans un cercle, faisant référence à la norme internationale de qualité.

▸ Deux types de papiers permanents ou Barrière.

papier recyclé

C'est un papier de récupération, élaboré à partir de papiers et cartons divers (journaux, revues, boîtes en carton, feuilles, etc.). La transformation de ces éléments en papier neuf requiert divers traitements de désencrage (élimination de couleurs et d'encres) et de nettoyage, qui peuvent occasionner une forte dégradation de la cellulose, ce qui explique qu'on est en général amené à leur ajouter de nouvelles fibres.
Le papier réutilisé est différent du papier recyclé, car on l'élabore à partir d'excédents et de résidus de papier blanc, exempt de couleur et d'encre.

◂ Papiers recyclés, fabriqués à partir de papiers et cartons usagés.

papier écologique

Par « écologique », il faut entendre tout papier (normal ou récupéré) dont la fabrication ne fait pas intervenir des produits ou procédés contaminants pour l'environnement et qui ne suppose pas la destruction directe de forêts naturelles. Il est identifié sur l'emballage par un symbole faisant référence à la protection de l'environnement (en Europe, une fleur).

papier-calque

Il s'agit d'un papier modifié par l'action de l'acide sulfurique, très lisse, dense, de texture uniforme, avec une légère dureté superficielle et relativement résistant à l'humidité, bien qu'un excès d'eau le déforme gravement et irréversiblement. Il s'emploie surtout pour le dessin.

▸ Papiers-calque de différentes couleurs.

papier surfacé

Ce papier reçoit, durant son processus de fabrication, une enduction particulière. On trouve des papiers revêtus d'une couche de couleur, d'une couche brillante, satinée ou mate, d'aspect métallisé, etc.

◂ Divers papiers surfacés.

Le papier couché ou stuqué, papier très blanc à revêtement brillant ou mat, s'emploie pour la confection de beaux livres, car il permet des impressions de grande qualité.

◂ **Le papier couché** est le plus employé pour l'impression de beaux livres.

papier journal

Il s'agit du papier destiné à l'impression des journaux. Il est composé d'une forte proportion de bois défibré par des moyens mécaniques, puis blanchi, et possède une teneur élevée en lignine. Avec le temps, il a tendance à s'acidifier, à jaunir et à devenir cassant. Il présente, par conséquent, certains problèmes de conservation.

▸ Le papier journal présente une forte proportion de lignine, ce qui conditionne sa conservation.

papier kraft

Également dénommé papier d'emballage, il est composé de bois tendre défibré par des moyens chimiques (procédé « kraft ») qui dissolvent la lignine du bois. Il peut être blanchi ou non et est très résistant, ce qui explique qu'il soit utilisé pour envelopper et emballer des objets. Il vieillit mal étant donné son niveau d'acidité élevé.

▸ Le papier kraft peut présenter sa couleur naturelle (brun clair) ou être blanchi.

techniques artistiques et scripturales

Toute pièce est constituée de deux éléments fondamentaux intimement liés : le papier et le matériau auquel il sert de support (encres, techniques picturales, émulsions photographiques). La technique ou les matériaux employés pour confectionner la pièce ne peuvent exister sans le support papier, et le papier seul ne constitue pas une pièce en lui-même, bien que ce soit le cas aujourd'hui dans certaines manifestations d'art contemporain éphémère ; ainsi, un support de papier confectionné manuellement et manipulé par l'artiste se convertit en une œuvre ou en un objet d'art qu'il est nécessaire de conserver.

▸ dessin

Pour dessiner sur papier, on emploie des techniques sèches à base de fusain, crayon graphite, pastel ou craie. Autrefois, on utilisait la pointe métallique (surtout d'argent et de plomb). Ces matériaux sont sensibles à la lumière et ont tendance à se décolorer avec le temps. Certains sont assez instables et ont du mal à se conserver, car dans certaines conditions ils présentent des problèmes d'adhérence au support et s'en détachent. Dans tous les cas, l'intervention nécessaire devra être réalisée par un restaurateur professionnel.

fusain

Le fusain est issu, traditionnellement, de la combustion de bâtonnets de bois, mais aujourd'hui on trouve du fusain obtenu par agglomération de poudre de charbon à l'aide d'un agglutinant. En général, on le fixe avec un produit pour en prolonger la durée. Il est instable, se souille et s'efface facilement, et toute intervention sur une œuvre au fusain doit donc être confiée à un restaurateur professionnel.

◂ Paysage dessiné au fusain sur papier. Óscar Sanchis, 2002.

crayon graphite

Le crayon graphite a remplacé les pointes métalliques. Il existe en divers degrés de dureté et, à la différence du fusain, permet de détailler davantage le dessin. Il n'est pas instable comme le fusain, bien que s'effaçant aisément. Il ne faut donc jamais le nettoyer à sec avec une gomme.

▸ Composition au crayon sur papier. Myriam Ferrón, 2003.

pastel

Le pastel est un petit bâtonnet de pigment mélangé à des agglutinants. Il adhère bien sur des papiers à texture marquée ; la couleur s'y fixe mieux que sur les papiers lisses et conserve davantage son intensité. Le pastel est difficile à nettoyer et à fixer, et la restauration de l'œuvre doit donc être confiée à un spécialiste. Quand on encadre un pastel, il faut veiller à ce que le verre n'entre pas en contact avec l'œuvre, car les particules de pigment peuvent y adhérer et se détacher du support.

▸ Pastel sur papier. Yvan Mas, 2000.

▸ peinture

Pour peindre sur papier, on emploie généralement des techniques aqueuses, comme la gouache et l'aquarelle, ou encore l'acrylique. Ces peintures sont très sensibles à un excès de lumière, qui les décolore.

aquarelle

Technique picturale qui emploie une pâte aqueuse et se caractérise par sa transparence. Elle consiste à jouer sur les transparences, en étendant des lavis sur un fond blanc ou très clair. Les aquarelles de qualité se nettoient à sec, avec des copeaux de gomme ; celles de moindre qualité exigent un essai préalable.

◂ *Paysage.* Aquarelle sur papier. Vicenç Ballestar, 1995.

gouache

La gouache est un mélange de pigments avec des agglutinants et de l'eau à laquelle on a ajouté une grande quantité de pigments inertes pour obtenir une pâte picturale consistante. Les œuvres peintes à la gouache présentent des couleurs opaques, couvrantes, très différentes de celles de l'aquarelle. Elles forment un film peu épais, sans empâtements. Certaines couleurs (les plus instables) ont tendance à craqueler si la technique d'application n'a pas été correcte.

◂ *Marquesas.* Gouache sur papier. S. Ayala, 1996.

▸ gravure et impression

La gravure et l'impression font appel aujourd'hui à des encres très stables, qui ne présentent pas de gros problèmes de conservation. Cependant, au fil des siècles, différentes encres ont été utilisées (au charbon, sépia, bistre, etc.), dont certaines présentent des problèmes de conservation, instabilité ou décoloration, qui doivent être traités par un restaurateur professionnel.

xylographie

Technique de gravure directe, où l'on emploie comme matrice une planche de bois, bien qu'on utilise aussi aujourd'hui le linoléum. Les gravures exécutées selon cette technique présentent un aspect caractéristique, les formes et les motifs étant séparés par de larges espaces blancs.

▸ Ex-libris pour José Zendrera Fecha. Xylographie sur papier, années soixante.

pointe sèche

Système de gravure directe sur la planche métallique qui consiste à inciser le métal avec un burin dur qui produit des sillons très fins où s'accumule l'encre. L'effet le plus caractéristique de la pointe sèche est provoqué par les barbes bordant le sillon de la gravure. Les gravures réalisées selon cette technique présentent des tracés libres, très fins et noirs, et l'impression du tracé sur le papier apparaît assez large et estompée sur les côtés.

◂ *En la terraza.* Pointe sèche sur papier. Naoko Nakamoto, 1986.

burin

La gravure au burin est un procédé de gravure directe qui consiste à réaliser des incisions sur la planche métallique avec un burin doté d'une extrémité en forme de losange, dont l'arête saillante grave le métal. Les sillons ou incisions qui en résultent ont la forme d'un « V », leur profondeur étant directement proportionnelle à leur largeur. Les gravures réalisées avec cette technique présentent des lignes très nettes, qu'elles soient rectilignes ou sous forme de courbes amples caractéristiques, régulières et aux ondulations progressives. Les sillons les plus larges donnent des teintes sombres et les plus fins des teintes grises et transparentes.

▾ Gravure française au burin du XIXe siècle, sur papier.

▸ Détail de la gravure antérieure. On observe l'impression des incisions caractéristiques du burin.

eau-forte

Technique de gravure partiellement indirecte de la planche métallique avec un mordant. L'incision est réalisée avec une pointe sèche sur la couche de vernis qui recouvre la planche métallique. Là où la pointe retire le vernis, le métal est à découvert et est attaqué par l'acide dans lequel on immerge la planche. Les gravures réalisées selon cette technique présentent des formes très libres, avec des empreintes de la même intensité de noir, d'aspect morbide et pictural, aux bords quelque peu irréguliers.

◂ *Composición.* Eau-forte sur papier. Núria Gallifa, 1996.

lithographie

Procédé d'impression basé sur le principe d'incompatibilité de l'eau et de la graisse. Le motif à reproduire est dessiné sur la matrice, traditionnellement en pierre (*lithos*, en grec) bien qu'aujourd'hui elle soit parfois métallique, avec une matière grasse, au crayon ou au pinceau. Quand le dessin est terminé, on trempe la matrice dans l'eau et on l'encre. Les gravures réalisées selon cette technique présentent des caractéristiques similaires à celles du dessin conventionnel. Certaines lithographies sont colorées à l'aquarelle et leur conservation est donc semblable à celle des aquarelles.

◂ ***Salon Louis XVI.*** **Lithographie sur papier, colorée à l'aquarelle, XIXe siècle.**

sérigraphie

La sérigraphie est un procédé d'impression qui utilise comme matrice un cadre avec un fin tamis en tissu perméable dans certaines zones, correspondant à l'image à imprimer, et imperméable dans les autres zones. L'encre ou la peinture est raclée à la surface de la toile, traversant le tamis et se déposant sur le support. Il est ainsi possible d'obtenir des formes très détaillées, précises, mais seulement en couleurs planes, exemptes de clairs-obscurs.

▸ **Illustration pour un livre d'enfant. S. Ayala, 1986.**

offset

C'est la technique la plus utilisée actuellement au niveau industriel. Elle offre des impressions de grande qualité, sans limitation de couleurs et de nuances. L'impression est réalisée par des cylindres giratoires où l'image se trouve dans le sens où elle sera imprimée, dans des machines où l'encrage et le passage des feuilles sont automatiques, ce qui permet d'imprimer des milliers d'exemplaires à l'heure.

◂ **Affiche. Offset sur papier Japon, vers 1998.**

manuscrits

Par manuscrit, il faut entendre toute œuvre ou tout document écrits à la main. Les manuscrits ne présentent pas, en général, de gros problèmes de conservation, hormis ceux réalisés avec certaines encres. Les encres métallogaliques, amplement utilisées dans les documents anciens, sont celles qui sont à l'origine des plus importantes détériorations. Elles sont permanentes, mais chimiquement instables, oxydent la cellulose, perforent et déchirent le support en papier et provoquent la perte du document. En outre, elles se décolorent en présence d'un excès de lumière.

Texte manuscrit sur une carte postale, 1907.

photographies

Les photographies constituent un cas à part parmi les objets, œuvres et documents sur papier, bien que, traditionnellement, elles aient été assimilées à ceux-ci pour ce qui est de la conservation. Cependant, les photographies, quelle que soit leur nature, nécessitent des processus de conservation spécifiques.

anciennes

Les photographies anciennes peuvent avoir été réalisées selon différentes techniques (daguerréotypes, cyanotypes, albumine, nitrate, gélatine, etc.) sur divers supports, et présenter, par conséquent, des caractéristiques distinctes. Leur nature conditionne leur conservation, qui dépend de la technique utilisée et du support employé. L'unique intervention possible consiste à les conserver dans des systèmes de protection individuels (pochettes). Tout autre traitement, aussi simple soit-il, doit être effectué par un spécialiste en restauration de photographies.

actuelles

Les photographies actuelles, développées par des procédés industriels, présentent, a priori, peu de problèmes de conservation ; la seule intervention éventuelle consiste à les nettoyer.

Photographies actuelles, développées au moyen de procédés industriels.

détériorations

2

S'il est essentiel d'avoir une bonne connaissance des caractéristiques du papier et des techniques auxquelles il sert de support, il n'en est pas moins important de connaître les problèmes qui peuvent éventuellement l'affecter. Le papier, d'un point de vue professionnel, est considéré comme un matériau extrêmement sensible à la dégradation. De part leur nature, les pièces en papier sont particulièrement délicates, sensibles à tous les agents de dégradation, caractéristique qui conditionne leur conservation et leur restauration. Nous vous présentons ci-après les principales détériorations qu'elles peuvent subir, ainsi que les agents et facteurs qui les provoquent.

embara-
e suelen
blicacio-
omitien-
sencillez
y com-

types de détériorations

Pour conserver et restaurer correctement les objets, œuvres d'art ou documents sur papier, il faut bien connaître les types de détériorations dont ils peuvent être affectés. Ces détériorations sont de natures diverses, ont différentes causes et occasionnent parfois des problèmes pouvant conduire à la destruction totale de la pièce. Connaître les types de détériorations permet d'établir les bases des réparations, de prévenir les futures détériorations et ainsi de réaliser une conservation et exposition correctes.

saleté

La saleté, c'est-à-dire les particules ou matières déposées à la surface de la pièce et qui la souillent, détériorent l'aspect général de l'œuvre et influent sur sa bonne lecture et contemplation, tout en lui donnant à la fois un aspect peu soigné. Cet agent favorise l'apparition de détériorations déterminées et accélèrent ainsi le processus de détérioration.

poussière

La poussière est l'accumulation de particules sur une surface. Elle ne constitue pas en soi une dégradation, mais les éléments et matières déposés peuvent favoriser l'apparition de diverses détériorations. Ainsi, la poussière accumulée peut élever de manière appréciable l'humidité superficielle. Cela favorise l'attaque et le développement postérieur de certains agents biologiques, comme les micro-organismes ; de même, la poussière combinée à l'humidité augmente les effets de la contamination atmosphérique : l'oxydation ou l'acidification.

Les particules de poussière déposées sur le papier en augmentent l'humidité superficielle.

graisse

Une manipulation et un nettoyage incorrects favorise l'accumulation de substances grasses à la superficie de la pièce. Les dépôts de graisse peuvent s'oxyder avec le temps et provoquer l'apparition de taches qui assombrissent ou jaunissent le papier ; elles favorisent aussi l'attaque des agents biologiques.

Tache de graisse au dos d'un document. L'accumulation de substances grasses a provoqué l'obscurcissement du papier.

taches

Les taches, qui ont différentes causes, ont une incidence sur l'intégrité de la pièce, car elles en modifient l'aspect général. Celles qui sont dues à l'oxydation ou aux colles, sont les plus courantes. Si elles ne sont pas traitées de façon adéquate et si on n'en élimine pas les causes, elles peuvent conduire, dans certains cas, à une détérioration sévère de la pièce, voire à sa destruction totale.

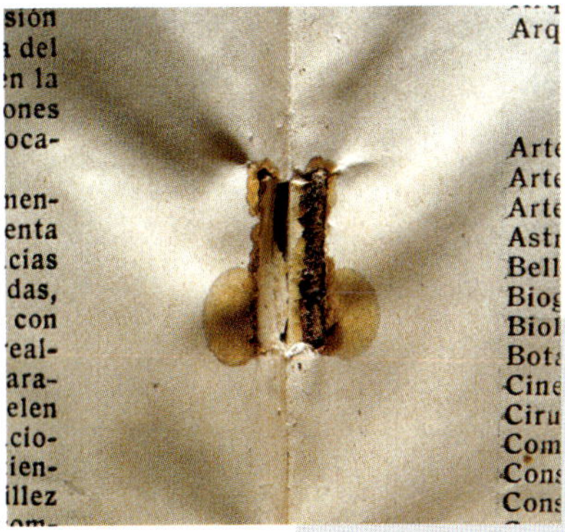

taches d'oxydation

Ces taches peuvent être provoquées par l'oxydation d'éléments métalliques en contact avec le papier ou celle des pigments de la matière à laquelle il sert de support. Les éléments métalliques (agrafes, clips, punaises, clous, ferrures des livres) ont tendance à s'oxyder lorsqu'ils sont en contact avec des facteurs d'humidité, ce qui provoque l'apparition de taches d'un brun-rouge sombre sur le papier. Ces taches sont irréversibles et si l'on n'élimine pas les éléments métalliques, elles peuvent entraîner la déchirure du papier.

▲ L'oxydation des agrafes qui maintiennent les pages de ce livre, due à un excès d'humidité, a provoqué la formation de taches sur le papier.

▸ Éventail en nacre et papier lithographié et coloré, XIXᵉ siècle. Le papier de l'éventail présente des taches dues à l'oxydation des pigments de la peinture, et des taches de *foxing*.

taches de colle

L'emploi incorrect de colles inadéquates peut provoquer de sérieuses détériorations, certaines irréversibles. L'assemblage de fragments d'une pièce avec du ruban adhésif d'usage courant ou la fixation d'œuvres au support au moyen de colles non indiquées pour la conservation, provoquent l'apparition de taches sur le papier. Le ruban adhésif tend à vieillir et provoque l'oxydation de la colle sur le papier, donnant lieu à des taches qu'il est impossible d'éliminer entièrement. Les colles non adéquates pour la conservation peuvent provoquer ou accélérer certaines réactions chimiques dans le papier, comme l'oxydation ou certaines modifications de couleur.

▲ Détail d'une autre feuille de la revue. Les taches provoquées par le ruban adhésif ont traversé le papier et endommagé le revers de la feuille.

◂ Les feuilles de cette revue de 1884 qui se sont détachées, ont été fixées à l'aide de ruban adhésif courant, ce qui a provoqué l'apparition de taches.

▸ déformations

Les déformations qui affectent le papier, en tant que support d'une œuvre, sont provoquées en général par une manipulation inadéquate ou une intervention incorrecte sur la pièce.

plis et pliures

Les plis sont de légères inégalités qui altèrent la superficie du papier. Elles se produisent accidentellement durant la manipulation de l'œuvre, en raison de causes mécaniques, et sont corrigées par l'aplanissage de l'œuvre.
Les plis ou pliures provoquent la formation d'un sillon dans le papier qui le rend fragile à l'endroit où ils se sont produits, donnant parfois lieu à des déchirures ou ruptures. Ils sont très difficiles à corriger.

▸ Aspect d'un livre de partitions musicales, dans lequel la pliure du coin d'une feuille en guise de marque-page est une pratique qui doit être bannie.

papier froissé

Les déformations de forme arrondie assorties de plis dans le sens longitudinal sont dues, entre autres causes, à un enroulement incorrect.

◂ Revers d'une gravure, sur lequel on peut voir que le papier a été froissé.

tensions

Les tensions sont dues au déséquilibre des forces auxquelles est soumise la pièce. Comme le papier n'arrive pas à s'adapter à ces pressions, il se déforme et peut, dans certains cas, perdre son élasticité.

◂ Ce document a subi une intervention inadéquate, qui a provoqué l'apparition de tensions et de déformations consécutives.

▸ déchirures et lacunes

Les déchirures se produisent quand le papier se fend et que les fibres sont mises à découvert sur les bords, formant des barbes. Elles n'impliquent pas la perte de matériau et peuvent être réparées grâce à une restauration adéquate. Si on n'intervient pas aussitôt, des morceaux de papier peuvent se détacher.
Les lacunes surviennent lorsque le papier est totalement déchiré et qu'il se divise en fragments que l'on perd en général. Les ruptures compromettent sérieusement l'intégrité de l'œuvre, dont la restauration doit être confiée à un professionnel.

▸ Cette feuille de répertoire d'un catalogue d'ébéniste de la fin du XIXe siècle a subi de sérieuses détériorations (nombreuses déchirures et importante lacune) causées par une manipulation incorrecte.

▸ auréoles

Les auréoles d'humidité se produisent sur le papier lorsque celui-ci subit la pénétration ou l'absorption d'un liquide quelconque (en général de l'eau) ou en présence d'un excès d'humidité, qui provoque une condensation de l'eau à la surface du papier. L'eau pénètre dans le papier et entraîne avec elle la saleté et les particules qui se sont déposées à sa surface, ce qui provoque l'apparition de taches et de zones de différentes tonalités.

▸ La conservation incorrecte de cette sérigraphie (Jaume Ribes, 1999), qui a séjourné dans un environnement excessivement humide, a provoqué l'apparition d'auréoles d'humidité dans certaines zones.

jaunissement

Le jaunissement du papier peut être dû à différentes causes, dont l'acidité ou l'action de la lumière. L'acidité peut provoquer le jaunissement ou l'obscurcissement du papier, bien qu'il ne s'agisse pas de la détérioration la plus grave causée par cet agent. Elle provoque la fragilité du papier et si elle n'est pas stoppée par un processus de désacidification, elle peut entraîner sa destruction totale. La lumière, l'un des principaux agents de dégradation du papier, catalyse et favorise certains processus d'oxydation, d'autant plus accusés que le papier contient plus de lignine, et provoque son jaunissement.

◂ Le jaunissement peut être dû à l'acidification du papier. Le papier journal, par exemple, qui contient une forte proportion de lignine, est acide, ce qui provoque son jaunissement.

décoloration

La décoloration, c'est-à-dire la perte de l'intensité originelle de la couleur du papier, est due, fondamentalement, à l'action de la lumière. Les effets de la lumière (qu'elle soit naturelle ou artificielle) sont cumulatifs et d'autant plus sérieux que le temps d'exposition est important. Les détériorations sont plus graves lorsque la pièce est exposée longtemps à la lumière et la prévention consiste donc à limiter l'exposition des objets, œuvres d'art et documents à la lumière.

▸ Les effets de la lumière s'apprécient sur les dos de ces livres. La lumière a provoqué la décoloration du papier de la reliure sur l'unique partie exposée aux rayons lumineux. La couleur du dos contraste avec la couleur originale que conservent les couvertures.

biodétérioration

Par biodétérioration, il faut entendre l'ensemble des détériorations et imperfections causées par les agents biologiques, c'est-à-dire les insectes, champignons et rongeurs. Ces derniers trouvent leur nourriture dans les matières qui constituent le papier (cellulose, sucres, glucose…) et trouvent un environnement adéquat (humidité et température) où vivre, se développer et se reproduire. Par conséquent, la solution et prévention postérieure consiste à les éliminer et à corriger les conditions environnementales. Tout traitement d'élimination doit être réalisé par un restaurateur professionnel.

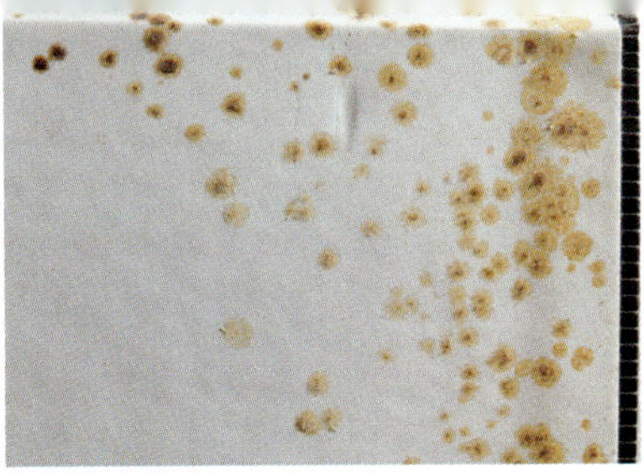

champignons

Les champignons sont des micro-organismes qui se nourrissent des substances organiques du papier. En général, ils se développent en présence d'humidité et de températures élevées, bien que cela dépende de l'espèce. Ils se développent mieux dans des environnements acides, c'est pourquoi l'acidité du papier favorise leur attaque et leur activité. Ils se reproduisent par l'intermédiaire de spores très résistants, qui se propagent avec facilité. Les champignons développent des filaments qui peuvent déchirer le papier, bien que la détérioration la plus évidente soit l'apparition de taches, résultant de la métabolisation des substances dont ils se nourrissent. Leur activité provoque la rupture de la chaîne moléculaire de cellulose, ce qui fait que le papier s'acidifie et devient fragile. Les attaques les plus graves peuvent conduire à la putréfaction totale de la pièce et à sa destruction.

▲ L'attaque de champignons affecte toute la superficie de cette affiche, qui présente un aspect cotonneux caractéristique.

▲ ▸ Intérieur d'un album photo présentant des taches dues à l'action de champignons.

▸ Quand l'attaque des champignons est très sévère, la détérioration peut toucher une grande quantité de papier. Dans ce cas, ils ont détérioré un grand nombre de documents.

foxing

Le *foxing* est une détérioration qui se caractérise par l'apparition d'une multitude de taches de couleur brune sur le papier. On n'en connaît pas l'origine, ni les agents qui interviennent dans son développement. Certains chercheurs pensent qu'il s'agit d'un micro-organisme, tandis que d'autres soutiennent qu'ils s'agit d'un processus d'oxydation des impuretés métalliques contenues dans le papier. Cette détérioration apparaît principalement sur des papiers en contact avec des matériaux et supports acides, comme les œuvres encadrées sur des cartons ou papiers qui se conservent mal.

▸ Aspect du revers d'un dessin encadré en contact avec un carton acide, où le *foxing* est bien visible.

▸ ▸ Détail des taches de *foxing* de la pièce antérieure.

insectes

Les insectes, comme les champignons, se nourrissent des substances qui constituent le papier, fondamentalement la cellulose, et se développent dans certaines conditions d'humidité et à des températures élevées. Il existe une grande variété d'insectes qui attaquent le papier ; les plus courants sont les lépismes et les insectes xylophages. Les lépismes, communément appelés « petits poissons d'argent », se nourrissent de la cellulose et des colles des livres et documents, et se développent dans un environnement au taux d'humidité élevé et dans l'obscurité. Ils provoquent des érosions superficielles sur le papier, bien que, dans certains cas, ils peuvent aussi le perforer. Les insectes xylophages se nourrissent aussi de la cellulose du papier et trouvent leur habitat à l'intérieur de livres ou documents, ou dans de grandes accumulations de papier. Ils y vivent et s'y reproduisent, creusant des galeries et provoquant des orifices qui peuvent détruire entièrement l'œuvre.

▲▲ Les lépismes ou « petits poissons d'argent » provoquent des érosions superficielles sur le papier.

▲ Les insectes xylophages creusent des galeries à l'intérieur des livres et perforent le papier.

▶ L'activité des insectes xylophages peut détériorer gravement les livres.

rongeurs

Les rongeurs mordent le papier, et surtout les reliures des livres et documents pour obtenir un matériau leur servant à confectionner leur nid et pour émousser leurs dents, qui sont en croissance continue. Ils ne se contentent pas de perforer et de déchiqueter le papier, mais le tachent de leurs excréments et de leur urine, ce qui augmente l'humidité.

▼ Les rongeurs détériorent sérieusement le papier et les reliures des livres.

restaurations incorrectes

Les restaurations mal réalisées sont, avec la manipulation incorrecte, les causes les plus communes de la détérioration des objets, œuvres d'art et documents ayant pour support le papier. L'action humaine est la principale cause de détérioration ; toutefois, paradoxalement, elle est aussi responsable de la préservation et de la sauvegarde des pièces. Les restaurations effectuées selon des critères incorrects compromettent l'intégrité de la pièce et provoquent ou favorisent l'apparition de certaines détériorations ; elles conduisent, en outre, dans de nombreux cas, à la dénaturation et à la perte partielle ou totale de l'original.

Cette œuvre sur papier a été restaurée selon des critères incorrects, avec des matériaux et procédés inadéquats qui en ont dénaturé l'aspect.

Revers de l'œuvre antérieure. L'ajout de papier provoque des tensions sur le support de l'œuvre.

Envers d'un dessin. La restauration incorrecte par ajout de bandes de ruban adhésif a entraîné l'apparition de plis et gondolements.

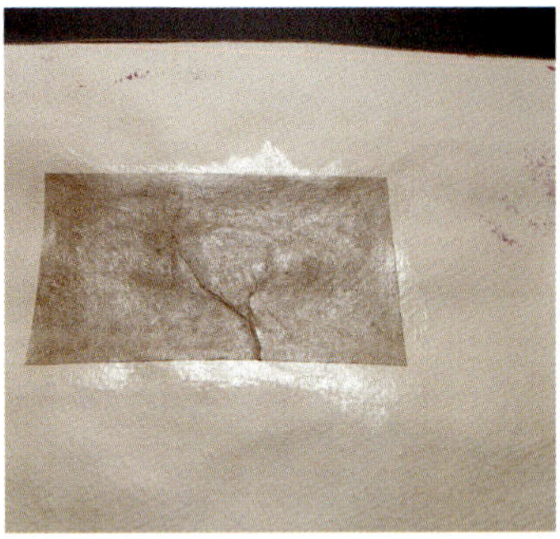

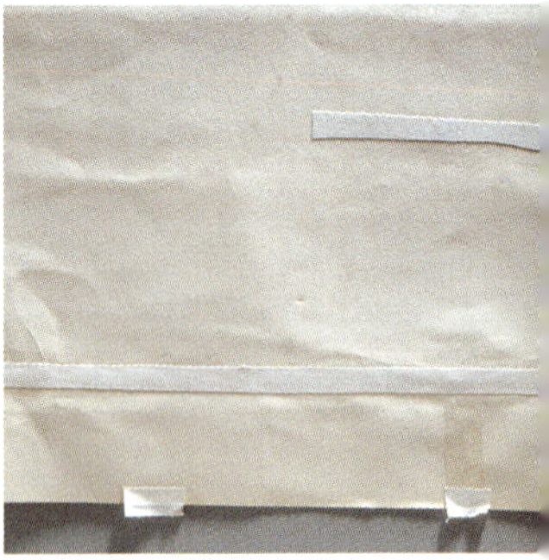

encadrements incorrects

Comme dans le cas antérieur, les systèmes d'encadrement incorrects peuvent favoriser et provoquer l'apparition de détériorations. Ainsi, il est fréquent de trouver des œuvres ou documents en contact avec des papiers acides ou directement en contact avec un support en bois, qui transmet son acidité à la pièce et peut provoquer le développement du phénomène de *foxing*. Les pièces fixées avec des colles ou adhésifs inadéquats (acides) peuvent être tachées. Les éléments métalliques avec lesquels on fixe la partie postérieure du cadre (clous et agrafes) peuvent s'oxyder et tacher la pièce. Le verre, s'il est en contact avec le matériau de l'œuvre supportée par le papier, peut entraîner le détachement de la couche.

Ce dessin au pastel a un système d'encadrement incorrect. La pièce a un contact direct avec le verre, le revers de l'œuvre est en contact avec différents papiers acides (dont une feuille de journal) et un support en bois qui était fixé par des clous métalliques oxydés.

conservation

3

Une partie des problèmes que présentent les œuvres d'art, les livres, les documents ou les objets en papier peuvent être résolus par des procédés de conservation. Par conservation, il faut entendre l'intervention dont le but est de freiner l'évolution d'une détérioration ou de la résoudre de manière définitive par des procédés qui n'ont pas d'incidence directe sur l'intégrité de la pièce. Ainsi, pour le papier, la conservation demande l'obtention d'un environnement climatique adéquat, l'élimination par nettoyage de certains agents de détérioration qui se sont déposés sur les pièces, la disposition correcte d'œuvres de grand format et la résolution de l'acidification, un problème qui provoque les détériorations les plus graves. Une conservation correcte, cependant, débute par l'identification précise de la pièce.

identifier la pièce et évaluer son état

Toute intervention doit être précédée d'une analyse de la pièce, de l'évaluation de son état et de l'identification des détériorations qu'elle présente. La première étape consiste à identifier le papier, ainsi que les matériaux auxquels il sert de support et les techniques employées pour réaliser la pièce. On l'examine dans son ensemble et dans le détail sur une grande surface plane, dans un environnement bien éclairé et exempt de poussière ; si nécessaire, on utilise une loupe. On en examine toutes les faces pour définir les détériorations qu'elles présentent. Dans le cas de livres ou de publications similaires, il faut prêter une attention spéciale à la reliure et aux matériaux dont elle est composée : pages de garde, ferrures, illustrations, etc., ainsi que l'état de toutes les pages.

documentation

Pour documenter une collection d'œuvres d'art, livres, documents ou objets en papier, comme pour enregistrer les interventions réalisées, il est très commode de disposer d'un classeur contenant les fiches de toutes les pièces. La fiche doit comporter les champs nécessaires pour faciliter la documentation complète (voir exemple ci-contre). Il convient d'attribuer à chaque pièce de la collection un numéro unique. En général, on marque les pièces à un endroit peu visible (au revers, par exemple), avec un crayon à mine tendre, en exerçant une faible pression sur le papier. Quand ce n'est pas possible (timbres, photos, chromos), on marque la pièce sur le système d'exposition ou de protection (pochettes) où elle est conservée. Pour les œuvres encadrées, on numérote le revers du cadre. Pour documenter correctement une œuvre ou un document graphique, on indique sur la fiche le nom de l'auteur, de l'éditeur, du graveur ou de l'illustrateur (le cas échéant), ainsi que le nombre de tirages. Sur la description des livres et œuvres éditées, on indique le type de reliure, le nombre de pages, de cahiers et les pages qu'ils comportent, le nombre de pages de garde et d'illustrations, si elles sont paginées à part.

◂ Pour documenter un livre, on indique le nombre de cahiers qui le composent (en ce cas, 19) et le nombre de pages qu'ils comportent.

FICHE DOCUMENTAIRE

Numéro d'enregistrement

Désignation de l'objet

Matières et techniques (du support et du matériau couvrant le papier, ainsi que de la reliure, le cas échéant)

Photo (vue générale de l'objet)

Dimensions
(hauteur × largeur × profondeur totale en centimètres ; pour les livres : longueur × largeur × épaisseur)

Auteur, époque, pays (référencer tous les auteurs : graveur, éditeur, illustrateur… le cas échéant)

Tirage (indiquer le numéro de série, le nombre d'exemplaires et préciser si c'est une épreuve originale)

Description (description complète de la pièce et des éléments qui la composent. Transcription des estampilles ou autres inscriptions avec indication de leur emplacement. Description du cadre, si elle est encadrée. Indication du nombre total de pages et du nombre de cahiers pour les livres et les publications.)

Provenance (par exemple : acheté à…, hérité de…, etc.)

État de conservation : ☐ Bon ☐ Moyen ☐ Mauvais
(cocher la case qui convient, puis décrire en détail l'état du papier, du matériau qu'il supporte et de la reliure, le cas échéant, comme les détériorations)

Interventions
(décrire en détail toutes les interventions réalisées et les matériaux employés)

Emplacement (situation dans la collection : boîte, carton, vitrine, étagère, etc.)

Nom (de la personne qui a rempli la fiche)

Signature

PAS À PAS

2 nettoyage et entretien des livres

Les livres, de par leur structure, leur système de rangement et leur utilisation, accumulent la poussière. Les particules de poussière se déposent sur le chant supérieur des feuilles. S'ils ne sont pas convenablement entretenus ou entreposés dans un environnement poussiéreux, les particules peuvent aussi se déposer à l'intérieur et salir les pages. La saleté déposée, outre le fait qu'elle dénature l'aspect des livres et en rend difficile la consultation, n'implique pas, en principe, de détérioration très grave. Cependant, elle peut entraîner ou favoriser l'apparition d'agents de détérioration. Une accumulation de poussière et une manipulation incorrecte favorisent les abrasions superficielles et, dans certaines conditions d'humidité et de température, la biodétérioration qui provoque des réactions chimiques à la surface du papier, comme l'apparition de taches ou la modification de sa couleur. Ainsi, la bonne conservation d'une collection de livres passe par un nettoyage périodique.

1

Ce livre du début du XXe siècle a été rangé, avec d'autres, dans un environnement inadéquat pour sa bonne conservation, plein de poussière et de saleté. Une couche épaisse de poussière s'est déposée à sa surface, surtout sur la tranche supérieure.

2

Quand on l'examine en détail, on se rend compte que ses pages sont également sales et poussiéreuses, et exigent un nettoyage en profondeur.

3

En maintenant fermement le livre par le dos pour qu'il reste bien fermé, on en dépoussière la reliure et la tranche supérieure avec un aspirateur réglé sur la puissance minimale.

4

On retire ensuite les particules de poussière déposées sur les pages du livre en les essuyant de l'intérieur vers l'extérieur avec une brosse plate à poils doux. On insiste surtout sur l'union des pages, où la poussière a tendance à s'accumuler.

5

Ensuite, on entoure le livre d'une bande élastique large pour éviter d'en souiller l'intérieur lors du nettoyage à la gomme.

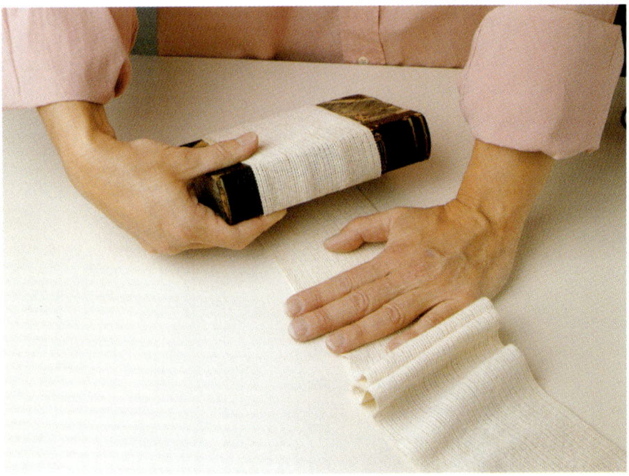

6

On élimine la poussière sur les tranches supérieure et inférieure du livre en les frottant à la gomme, que l'on déplace de l'intérieur vers l'extérieur.

7

On retire ensuite la bande pour nettoyer les pages une à une. Observez la différence entre la partie déjà nettoyée et celle qui est encore sale.

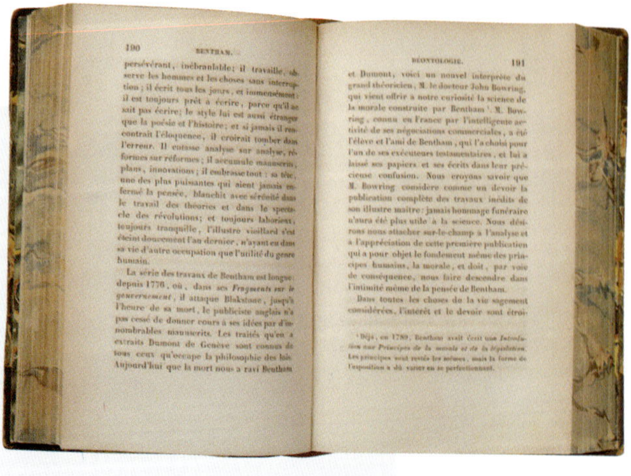

8

Enfin, si nécessaire, on élimine les résidus de gomme à l'aspirateur. Le livre est alors propre, il a retrouvé son aspect d'origine. On a ainsi assuré sa bonne conservation.

CONSEILS POUR LA CONSERVATION DU PAPIER

Les objets, œuvres d'art ou documents sur papier sont très délicats et facilement altérables. Ils requièrent une conservation adéquate : nettoyage, ventilation et manipulation correctes, ainsi qu'un entretien périodique.

Il faut les maintenir dans un environnement stable, sans variations importantes de température et d'humidité, à un taux d'humidité relative de 55 %, et entre 18 et 20 °C, bien que ces valeurs varient suivant le climat local et l'état de conservation de la pièce.

FACTEURS DE DÉTÉRIORATION	CONSÉQUENCES	PRÉVENTION
FAIBLE HUMIDITÉ ET TEMPÉRATURE ÉLEVÉE	Le papier se dessèche, perd sa résistance, devient cassant, se déchire, et la pièce peut alors s'écailler.	Éloigner les pièces des sources de chaleur comme les radiateurs, poêles, lampes puissantes, etc. Protéger les pièces dans des chemises, pochettes, ou les encadrer.
HUMIDITÉ ÉLÉVÉE ET TEMPÉRATURE BASSE	L'excès d'humidité accélère le processus d'acidification, oxyde la cellulose et les encres, dissout les pigments et provoque la formation d'auréoles. Le papier humide perd sa résistance et peut se décomposer. Cet environnement favorise l'attaque et le développement des agents biologiques et accentue la contamination atmosphérique.	Éviter de placer les pièces dans des zones humides : salle de bains, jardin, cave, à même le sol, etc. Éviter de situer les pièces près de sorties d'air conditionné et dans des lieux à forts courants d'air. Ne pas nettoyer à l'eau, ne pas utiliser de produits d'entretien domestiques directement sur le verre de protection. Nettoyer régulièrement à sec pour retirer la poussière.
LUMIÈRE	Ses effets sont cumulatifs, le papier se détériorant d'autant plus qu'il est exposé longtemps à la lumière. Changement de couleur : jaunissement du papier, oxydation d'autant plus accusée qu'il renferme plus de lignine (détériorations plus importantes pour les papiers industriels à base de pâte que pour ceux élaborés à partir de coton ou de lin). Décoloration d'encres et pigments, pouvant conduire à la disparition totale du document ou de l'œuvre.	Ne pas dépasser la valeur de 50 lux d'éclairage. Ne pas exposer les pièces à des sources lumineuses directes et intenses, comme la lumière solaire, ou à des foyers lumineux directs. L'éclairage doit être indirect, général, à lumière froide. Pour éviter les effets de la lumière solaire, il est conseillé de fermer et couvrir les fenêtres en posant des rideaux épais en coton ou en lin ou en installant des filtres, des vitres spéciales ou des rideaux en matière synthétique qui filtrent les ultraviolets.
CONTAMINATION ATMOSPHÉRIQUE ET SALETÉ	L'accumulation de particules peut favoriser l'abrasion superficielle de la pièce. La poussière augmente l'humidité superficielle, favorisant l'attaque et le développement des agents biologiques. Favorisent et provoquent des réactions chimiques à la surface du matériau.	Ventiler pour éviter que des particules se déposent et agissent comme contaminants, provoquant des altérations sévères sur les œuvres d'art, les livres ou objets en papier. Nettoyer régulièrement à sec pour retirer la poussière accumulée.

Hormis ces facteurs, les agents biologiques ont aussi une influence directe sur la dégradation du papier. Il faut également apporter un soin particulier à la manipulation des pièces, à leur installation et à leur exposition.

3 nettoyage d'une œuvre graphique

Le nettoyage d'œuvres d'art, de documents ou objets en papier est une opération délicate qui ne peut s'effectuer de la même manière sur toutes les pièces. Les œuvres imprimées (indépendamment de la technique employée), les aquarelles et les gouaches, se nettoient à sec avec des copeaux de gomme. En revanche, les œuvres au fusain, au crayon ou au pastel ne peuvent être traitées de cette façon, car cela en compromettrait sérieusement l'intégrité. Il faut également faire très attention aux œuvres qui présentent des parties ou retouches d'origine réalisées au fusain ou au crayon (par exemple : gravures colorées au crayon ou signatures des auteurs), pour ne pas les effacer. Dans ce cas, comme précédemment, le nettoyage ne peut pas être réalisé par gommage et l'intervention doit être confiée à un restaurateur professionnel.

1

Cette lithographie de 1857, intitulée *The ciclops* (réalisée par H. Papprill et Knell et éditée à Londres par Ackermann), présente une couche générale de saleté qui en dénature l'aspect.

2

Le nettoyage s'effectue toujours par zones, à partir de l'un des axes médians de l'œuvre. On réduit un peu de gomme en copeaux avec une râpe domestique fine, en se plaçant au-dessus de la zone que l'on veut nettoyer et en veillant à tenir l'instrument à une certaine distance de l'œuvre.

3

On frotte doucement la surface de l'œuvre avec un coton, en effectuant d'amples mouvements circulaires. S'il est nécessaire de prendre appui sur l'œuvre, on intercale une feuille de fibres de polyester pour assurer sa protection. On veille à ce que les copeaux de gomme et le coton n'enlèvent pas la couleur.

4

On retire les copeaux de gomme avec une brosse plate à poils doux et on les élimine de la surface de travail en les aspirant. On répète l'opération jusqu'à ce que l'œuvre soit entièrement nettoyée.

5

Ici, la lithographie est à moitié nettoyée. Observez le contraste entre la partie gauche, propre, et la partie droite, sur laquelle on n'est pas encore intervenu.

6

Après le nettoyage, la lithographie a retrouvé son aspect d'origine.

4 aplanissage d'une affiche

Les imperfections les plus courantes des affiches, posters et autres pièces de grand format, sont en général dues à une mauvaise manipulation ou à un rangement incorrect. Il est courant de trouver ces pièces pliées, enroulées et rangées à la verticale sans aucune protection. Ces pratiques détériorent la pièce car elles peuvent occasionner des plis, pliures, tensions et ondulations. Le rangement à la verticale peut générer des déchirures et des tassements du bord du papier et, s'il est associé à une manipulation incorrecte, il peut conduire aussi à la perte de la pièce. La prévention de ces imperfections consiste à ranger les pièces à plat ou dans des cylindres où elles sont bien protégées.

1

Cette affiche publicitaire de 1984, réalisée en offset, a été entreposée un certain temps pliée à l'intérieur d'un carton à dessin, avant d'être enroulée et rangée à la verticale. Cela a provoqué la formation d'une série de plis transversaux, ainsi que des gondolements dans certaines zones et des plis sur les bords du papier.

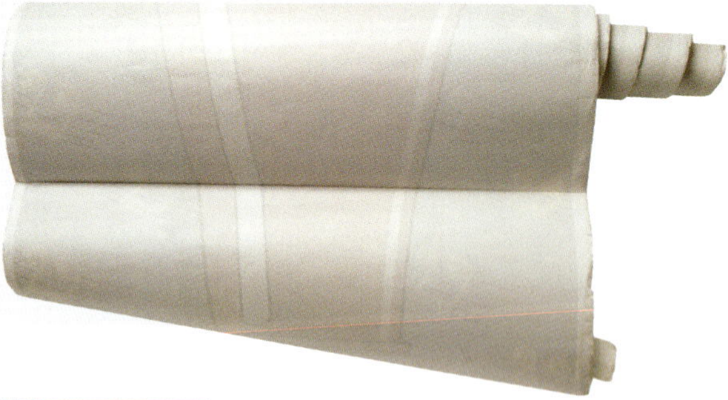

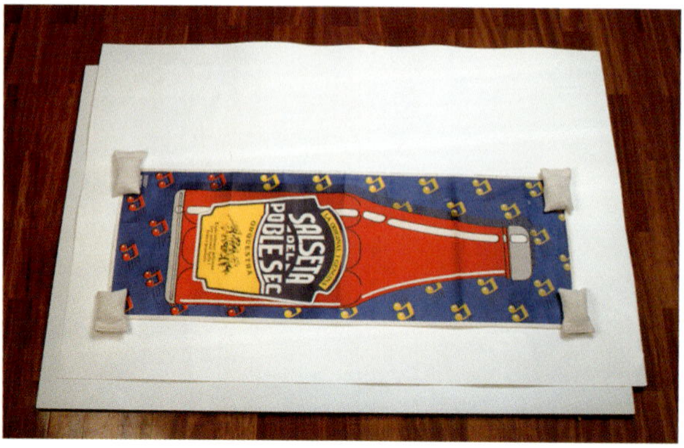

2

On place l'affiche sur une feuille de papier buvard, posée sur une surface lisse et rigide, assez large – une table, ou une tablette en bois revêtue de mélamine, posée directement sur le sol. On dispose à ses quatre angles des presse-papiers pour la maintenir en place et assurer l'horizontalité du papier.

3

On recouvre l'affiche d'une autre feuille de papier buvard en retirant les poids un à un et en les reposant au même endroit sur le papier buvard pour éviter que l'affiche se déplace, forme des plis ou se recourbe.

4

On place alors une tablette similaire à la précédente sur l'ensemble en retirant les presse-papiers un à un avec soin. Enfin, on pose divers poids (en ce cas, des poids de gymnastique) sur la tablette, en les répartissant de manière uniforme. On laisse l'affiche sous presse durant un certain temps.

5

Après cette intervention, l'affiche est parfaitement plane.

PAS À PAS

5 désacidification d'un livre

L'acidité est l'un des agents de détérioration les plus importants dont souffrent les objets, documents, livres et œuvres sur papier. L'acidité, due à la composition même du papier, a une incidence sur ses caractéristiques physiques. Le papier jaunit, se fragilise et devient cassant, ce qui peut conduire à sa désintégration et à la disparition totale de la pièce. Ainsi, l'acidité constitue l'une des principales menaces pour l'intégrité des pièces, surtout celles réalisées à partir du XIXe siècle, quand la production s'est mécanisée et a fait appel massivement au bois.

La désacidification est un procédé de conservation qui assure la pérennité de l'œuvre et qui s'effectue en plusieurs étapes : mesure initiale du pH, traitement avec un produit spécifique et contrôle final du pH.

1

Ce livre a subi diverses détériorations. La plupart de ses pages présentent des auréoles d'humidité et des taches, et le papier offre un aspect jauni, est fragile et rigide, ce qui semble indiquer qu'il est acide. On place des morceaux de mousse de polyéthylène sous les couvertures du livre pour les niveler, puis on dispose sous la page à traiter une fine feuille de fibres de polyester superposée à un papier buvard.

2

Avant de commencer le traitement, on effectue un nettoyage superficiel au pinceau et on mesure le pH du papier. Pour ce faire, avec une seringue ou un compte-gouttes, on dépose une goutte d'eau distillée à la surface d'une page et on applique dessus une languette indicatrice de pH que l'on presse quelques secondes.

3

On compare le résultat obtenu à l'échelle des couleurs de l'emballage. Le papier présente un pH de 5, ce qui signifie qu'il est légèrement acide.

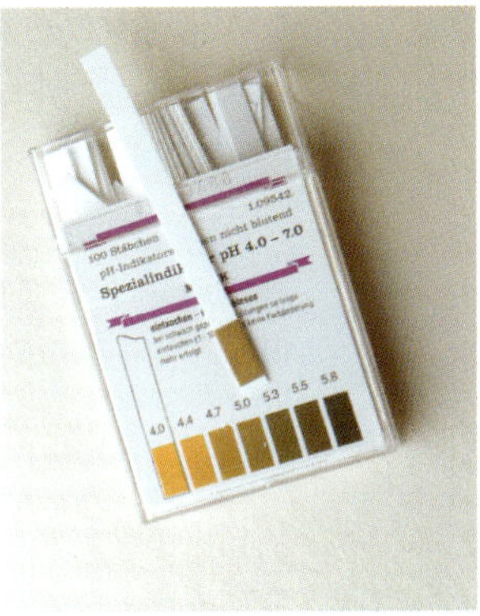

4

On traite chaque feuille en pulvérisant le désacidifiant sur les deux faces de chaque page. Il est indispensable de protéger les feuilles inférieures avec une feuille de fibres de polyester et du papier buvard.

5

Une fois le traitement terminé, on attend quelques jours que le produit agisse, puis on mesure à nouveau le pH, qui est maintenant de 7, c'est-à-dire neutre.

6

Le livre est désormais exempt d'acide et son intégrité est assurée. Il se trouve maintenant dans de bonnes conditions de conservation.

PAS À PAS

6 nettoyage d'une photo collée

Certaines photographies se collent entre elles ou avec une pièce en papier, du fait du versement accidentel d'eau ou de tout autre liquide ou encore d'un excès d'humidité. Cela ne constitue pas une détérioration très importante, mais si l'on n'y remédie pas correctement, la photo peut être gravement endommagée et cela peut entraîner sa déchirure, sa décoloration et finalement sa perte. Le nettoyage des adhérences s'effectue toujours par voie humide pour éviter le déchirement de la pièce. Ce processus ne peut être réalisé que sur des photos récentes en couleurs, développées industriellement, jamais sur des photos en noir et blanc ou sur des photos anciennes. En présence du moindre doute, et pour le traitement des photos anciennes, il faut faire appel à un spécialiste de la restauration des photographies.

1

Un verre humide a été posé sur ces serviettes en papier qui recouvrent une photo et les serviettes se sont collées à la photo.

2

On verse de l'eau distillée dans un bac et on ajoute quelques gouttes de savon liquide neutre (ph 7). Puis on plonge l'ensemble dans le bac.

3

On détache les serviettes en les frottant doucement du bout des doigts ou avec une brosse plate à poils doux.

4

On extrait la photo du bac et on la pose à l'endroit sur une surface imperméable et lisse, une plaque de verre par exemple. Pour obtenir un brillant uniforme et éviter que l'eau laisse des marques à la surface de la photo, on élimine l'eau avec une raclette en caoutchouc assez souple. On exerce une légère pression sur la pièce en déplaçant la raclette dans le sens longitudinal d'un bord à l'autre de la photo. On essuie l'eau sur le verre avec un chiffon de coton propre, puis on laisse sécher la photo.

5

La photo a retrouvé son aspect d'origine.

restauration

4

La restauration comprend l'ensemble des interventions visant à réparer les objets, pièces, œuvres artistiques ou documentaires qui ont subi des dommages, de façon à ce qu'ils retrouvent, dans la mesure du possible, leur état d'origine. À la différence de la conservation, elle implique une action directe sur la pièce pour la réparer, incidant sur son intégrité et son aspect final. Le papier est considéré comme un matériau très fragile, extrêmement sensible aux agents de dégradation. Toute intervention doit donc respecter au maximum la pièce et être effectuée à l'aide de matériaux réversibles d'une totale innocuité, ainsi qu'au moyen de techniques éprouvées, qui assurent la perdurabilité de la pièce.

La restauration consiste à démonter avec soin les systèmes d'exposition, dont les encadrements, de façon à éviter des dommages éventuels, à éliminer les rubans adhésifs et colles qui détériorent le papier et à réparer les déchirures et lacunes.

PAS À PAS 7

retrait d'un encadrement

Les systèmes d'encadrement incorrects favorisent l'apparition de certaines détériorations et la dégradation de la pièce ou de l'œuvre. Il est donc indispensable de démonter et retirer les systèmes inadéquats pour assurer sa bonne conservation et sa restauration postérieure. Le retrait de l'encadrement est une opération simple qui ne demande pas d'habileté particulière, mais s'il n'est pas réalisé comme il faut, il peut provoquer des détériorations très sévères et des dégâts irréversibles.

1

Cette œuvre, une gouache peinte par Gumersindo Vila dans les années soixante-dix, a été mal encadrée. Le passe-partout a été fixé avec un adhésif inadéquat qui s'est oxydé et a taché le pourtour de l'œuvre. Il n'assure plus le positionnement correct de l'œuvre, qui s'est détachée et s'est déplacée, ce qui a provoqué des tensions qui ont occasionné des ondulations. La couche picturale, la gouache, se trouvait en contact avec le verre de protection, ce qui pouvait entraîner sa détérioration.

2

On retire le papier de protection postérieur en le découpant avec beaucoup de soin avec un cutter, que l'on tient horizontalement et que l'on déplace parallèlement à la surface de la pièce.

3

L'œuvre est en contact avec un carton de qualité courante, fixé au cadre à l'aide d'agrafes et situé sous une baguette, fixée de la même manière. On retire les agrafes à l'aide d'un tournevis et d'une pince et on enlève la baguette.

4

On extrait avec beaucoup de soin les agrafes qui retiennent le carton, en évitant de marquer l'œuvre, puis on retire cette dernière.

5

On place l'œuvre et son passe-partout à l'envers sur la table. On les sépare avec minutie à l'aide d'un plioir que l'on fait glisser doucement.

6

Aspect de l'œuvre, après retrait de l'encadrement.

PAS À PAS

8 élimination du ruban adhésif

Le ruban adhésif ordinaire tend à s'oxyder avec le temps, provoquant la formation de taches sur le papier, impossibles à éliminer entièrement dans bien des cas. Ainsi, les détériorations causées par un ruban adhésif inadéquat sont en général irréversibles. L'intervention suppose l'élimination totale du ruban adhésif et le nettoyage des taches, dans la mesure du possible. Ce nettoyage ne doit jamais compromettre l'intégrité de la pièce et il ne faut en aucun cas employer de produits autres que ceux recommandés. Dans l'exemple ci-dessous, nous vous montrons comment éliminer des taches sur le papier d'une carte géographique. Toute intervention faisant appel à une technique différente doit être confiée à un restaurateur professionnel.

1

L'emploi fréquent de cette carte d'une région des Pyrénées a endommagé et déchiré le papier, détériorations qui ont été incorrectement réparées. Le ruban adhésif ordinaire employé s'est oxydé et a provoqué la formation de nombreuses taches qui dénaturent l'aspect général de cette carte.

2

On retire avec soin le ruban adhésif, en le soulevant doucement avec une pince. L'adhésif est très oxydé et se détache donc sans difficulté sur la majeure partie de la carte.

3

Pour éliminer l'adhésif des zones sur lesquelles il reste collé, on emploie des dissolvants. On pose la carte sur une feuille en fibres de polyester et du papier buvard, puis on applique ponctuellement de l'alcool sur une zone déterminée avec un morceau de coton enroulé sur un bâtonnet jusqu'à ce que l'adhésif se ramollisse et que l'on puisse retirer le ruban. Dans certains cas, si l'alcool n'est pas assez puissant, on peut utiliser de l'acétone pour ramollir les adhésifs les plus résistants.

4

Pour éliminer les taches, on travaille sur l'envers de la pièce, préalablement placée sur un papier buvard et une feuille de fibres de polyester. Avec un coton légèrement humidifié à l'alcool, on frotte doucement la tache, en travaillant par zones, puis on laisse sécher. Si les taches persistent, on procède comme il est indiqué dans l'étape antérieure, en employant de l'acétone.

5

Aspect de la carte une fois l'adhésif retiré et le nettoyage effectué. Comme vous pouvez le constater, il est impossible d'éliminer entièrement les taches produites par l'adhésif.

6

L'intervention s'achève par l'union des déchirures à l'aide de ruban adhésif de conservation en papier Japon, au dos de la carte.

7

Aspect de la carte une fois la restauration achevée.

PAS À PAS 9

élimination des taches de colle

L'emploi de produits et matériaux inadéquats lors de l'encadrement d'une œuvre peut provoquer de multiples détériorations. L'une des plus courantes sont les taches produites sur le papier par l'emploi de colles ordinaires qui s'oxydent. L'intervention consiste à retirer le support, éliminer la colle et nettoyer la tache au moyen de dissolvants. Comme dans le cas du ruban adhésif, on commence par appliquer le dissolvant le plus doux et on n'a recours à un dissolvant plus fort que si cela s'avère indispensable. Nous vous montrons ci-après comment éliminer les taches d'une œuvre graphique (gravure), l'intervention sur toute autre technique artistique devant être effectuée par un restaurateur professionnel.

1

Cette eau-forte de Conrad Marca-Relli, éditée en 1976 et intitulée *MR-3*, n'a pas été correctement encadrée. Elle a été endommagée par l'emploi d'une colle ordinaire qui s'est oxydée.

2

L'œuvre a été fixée au dos avec une colle inadéquate sur le support de l'encadrement, ce qui a provoqué la formation de taches sur le papier qui transparaissent sur l'endroit de l'œuvre et en dénaturent l'aspect.

3

Avec un morceau de coton enroulé sur un bâtonnet, on applique une petite quantité d'alcool sur la tache pour ramollir la colle et détacher l'œuvre de son support.

4

On place ensuite l'œuvre à l'envers sur un papier buvard et une feuille de fibres de polyester, puis on applique l'alcool sur les résidus de colle. La colle est très résistante, ce qui nécessite l'emploi d'acétone (appliquée avec un nouveau coton) pour la ramollir.

5

On soulève les restes de colle avec un scalpel, que l'on manipule avec beaucoup de soin pour éviter d'entailler ou couper le papier, puis on les retire avec une pince. On procède ainsi jusqu'à ce que la colle soit entièrement éliminée. Puis on nettoie la tache à l'aide des mêmes dissolvants. On laisse sécher.

6

L'œuvre, exempte de taches, a retrouvé son aspect initial.

PAS À PAS 10

réparation des déchirures

Les déchirures et lacunes sont des détériorations très courantes pour les pièces et œuvres d'usage courant ou de consultation fréquente, comme sont les livres. Elles se produisent à causes d'une manipulation incorrecte ou d'une utilisation négligente, le facteur humain étant l'agent à l'origine de la dégradation. La réparation de déchirures ne présente pas de complication excessive, bien qu'elle requière une certaine attention durant tout le processus et de l'adresse pour obtenir un résultat satisfaisant. Il convient en outre d'employer des matériaux et produits adéquats pour assurer la bonne conservation de la pièce.

1

La consultation de ce livre, édité en 1915, a provoqué la déchirure de l'une des pages de garde. Celles-ci, imprimées à partir d'un original de Angel Vivanco, ont été spécialement réalisées pour cette édition.

2

On prépare le livre en plaçant la couverture frontale entre deux morceaux de mousse de polyéthylène pour le niveler parfaitement. On insère une feuille de polyester sous la page déchirée, superposée à un papier buvard pour protéger les autres pages.

3

On unit les bords de la déchirure de façon à ce qu'ils coïncident parfaitement. On découpe un morceau de papier Japon fin (spécial pour les réparations) suivant les dimensions et la forme de la déchirure et on le dispose au revers de la feuille en veillant à ce qu'il couvre uniformément la zone.

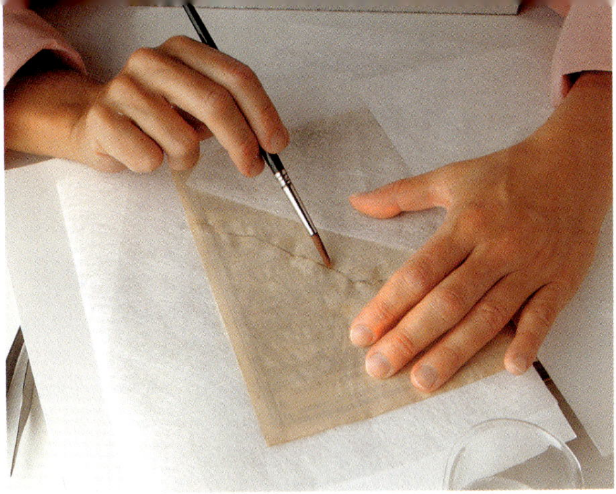

4

Avec un pinceau fin à poils doux, on applique de la colle méthylcellulose diluée à 30 % dans de l'eau (30 g de colle pour 1 litre d'eau) sur le morceau de papier Japon.

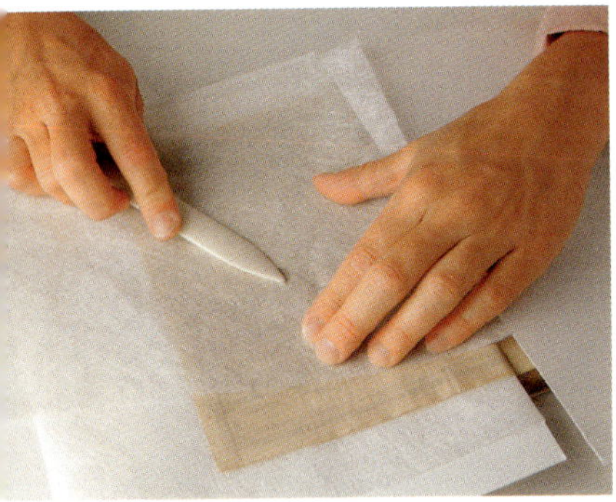

5

On place une feuille de fibres de polyester sur la feuille et on l'aplanit parfaitement avec un plioir que l'on déplace sur la zone en exerçant une pression légère et continue.

6

On place le papier buvard sur la feuille de polyester et on pose un poids sur la zone. On laisse sécher 24 heures.

7

Aspect de la page de garde, après restauration. La déchirure est quasi imperceptible.

11 PAS À PAS

réparation du dos d'une bande dessinée

L'usage fréquent de certains livres peut entraîner la détérioration de certaines de ses parties. Ainsi, les livres d'enfants et les bandes dessinées ont souvent le dos abîmé. La restauration de ces dommages requiert un processus long et complexe, bien qu'il soit possible de le réaliser sans problème avec de la patience et de l'adresse, comme nous le montrons ci-après. L'intervention comprend la conservation du dos original du livre.

1

La lecture et la manipulation fréquentes de ces bandes dessinées, éditées en 1964, a entraîné la détérioration et la rupture de leur dos.

2

On sépare le dos de la couverture en introduisant le plioir de façon à pouvoir amorcer la réintégration du dos réparé. On élimine la poussière avec un pinceau fin de taille moyenne à poils doux.

3

On pose le livre ouvert à l'envers sur un papier buvard. Avec le pinceau chargé d'eau distillée, on humidifie légèrement l'ancienne garniture détériorée (la couche de papier, habituellement en kraft, se trouvant sous la couche externe du dos) pour qu'elle se détache, et on la retire avec une pince. On humidifie la tarlatane (couche de toile servant de renfort au dos) et on la racle au scalpel pour éliminer les résidus de colle.

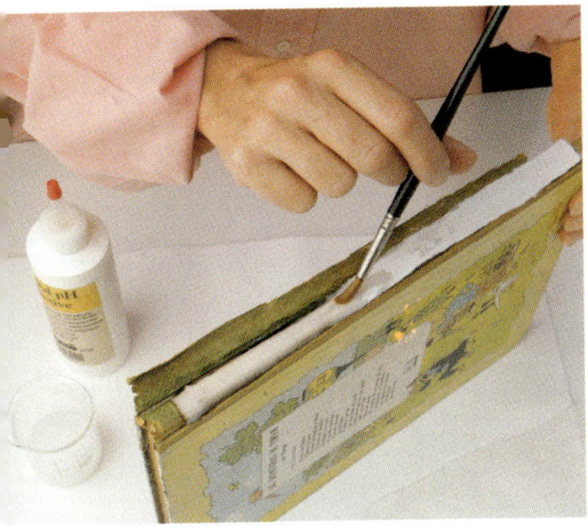

4

On découpe un morceau de papier Japon épais pour remplacer le papier kraft, d'une dimension légèrement inférieure à celle du dos du livre et en tenant compte du fait qu'il faut en introduire une petite partie sous les couvertures. On applique de la colle méthylcellulose (en dissolution à 30 % dans de l'eau distillée et en ajoutant deux gouttes d'acétate de polyvinyle à pH neutre) sur la tarlatane, on centre le papier et on l'introduit sous les couvertures à l'aide du plioir. Puis on applique une couche de colle.

5

On maintient fermement la bande dessinée pour éviter qu'elle s'ouvre. On place un morceau de fibres de polyester sur le dos, puis on le presse sur le papier enduit de colle à l'aide du plioir, pour l'aplanir et le lisser, en exerçant une pression suffisante.

6

On met l'ensemble sous presse à l'aide de poids, en protégeant le livre avec des feuilles de fibres de polyester et de papier buvard. On laisse sécher 24 heures.

7

Cette étape achevée, on restaure la partie externe du dos. On coupe un morceau de papier Japon d'une épaisseur similaire à celle du dos et d'une largeur légèrement supérieure pour pouvoir le glisser sous les couvertures. On le colle au revers du premier papier en suivant la procédure antérieure.

8

On introduit le nouveau renfort de papier sous la couverture avec le ploir, et on l'enduit de colle. Puis on travaille avec le ploir en suivant la procédure déjà décrite.

9

On assure la fixation du nouveau papier en appliquant une petite quantité de colle à l'intérieur des couvertures et en exerçant une pression avec le ploir tout en le déplaçant le long de l'union. Comme vous pouvez l'observer, on protège la page de garde avec un morceau de fibres de polyester. On met sous presse suivant le processus déjà décrit et on laisse sécher.

10

On retouche les zones où le papier Japon est visible pour les harmoniser à la couleur initiale du dos. Pour cela, on effectue un mélange d'aquarelles (ici, ocre et vert avec un peu de noir et de bleu) que l'on applique au pinceau. On laisse sécher.

11

Aspect de la bande dessinée après restauration de son dos.

CONSEILS POUR LES RÉPARATIONS ET LES UNIONS

Toute intervention requiert l'étude préalable de la pièce (support et matériau) et des dégradations qu'elle présente pour établir le processus à suivre, le type d'union et choisir l'adhésif le plus adéquat dans chaque cas.

L'emploi d'adhésifs inadéquats pour une intervention déterminée peut entraîner des dégradations irréversibles.

Avant de restaurer la pièce, il est nécessaire de la nettoyer soigneusement.

Il convient de réaliser de petits contrôles de solubilité en des endroits peu visibles pour tester la résistance des encres et pigments.

En cas de doute ou de problème quelconque, il faut s'adresser à un professionnel de la restauration.

PRODUIT	NOM COMMERCIAL	EMPLOI	TYPE DE PIÈCE
Méthylhydroxyéthyl-cellulose (éther de cellulose)	**Tylose® MH 300** Caractéristiques : se présente en poudre et se prépare en dissolution dans de l'eau distillée, en différentes proportions selon son emploi. C'est un produit neutre, stable, soluble dans l'eau froide, mais pas dans l'eau chaude.	C'est l'agent adhésif par excellence, bien qu'il soit aussi employé à d'autres fins, comme consolidant ou réapprêtant, comme empâtement pour le nettoyage ponctuel de concrétions, saleté superficielle ou résidus de colle, etc.	Pour des pièces servant de support à un matériau non soluble dans l'eau. S'emploie pour tous types d'union, greffes, réintégrations de supports, laminages, etc.
Hydroxypropyl-cellulose (éther de cellulose)	**Klucel® G** Caractéristiques : se présente en poudre et se dissout dans des dissolvants organiques (alcools éthylique, méthylique, isopropylique, etc.) et dans de l'eau à moins de 38 °C.	Adhésif moins puissant que la méthylcellulose. Utilisé aussi comme fixatif. Le collage s'effectue avec la chaleur. Requiert le port de gants et d'un masque de protection antivapeurs (d'alcools).	Pour des pièces servant de support à un matériau soluble dans l'eau. S'emploie sur tous types d'unions, greffes, réintégrations de support, bandes, etc.
Résine vinylique	**Acétate de polyvinyle (PVA) de pH neutre** (dénommé communément « colle blanche ») Caractéristiques : produit soluble dans l'eau et stable à la lumière, bien que s'oxydant avec le temps. Une fois sec, il est peu réversible. Ces colles peuvent être très acides de par leur composition et il faut donc employer des colles spéciales pour la conservation.	Plus puissante que la méthylcellulose, elle s'utilise comme colle. S'emploie dans des cas déterminés pour conférer une meilleure puissance adhésive à cette dernière, en lui en ajoutant quelques gouttes. Sert uniquement à la restauration des reliures.	S'emploie pour réparer les dos des livres, traiter des cartons, et en reliure. Ne doit pas servir à effectuer des assemblages ou greffes de papier.

Il existe d'autres produits, mais leur emploi est réservé à la restauration professionnelle.

Il ne faut pas employer de colles à papier ordinaires sans en vérifier les composants. Certaines sont de qualité inférieure et peuvent engendrer des détériorations.

Il ne faut en aucun cas employer de ruban adhésif courant, car leur colle s'oxyde et engendre la formation de taches sur le papier.

Les colles (et par extension, tout produit chimique) doivent être manipulées et appliquées selon les instructions du fabricant et en prenant les précautions indiquées.

12 PAS À PAS

décollage et protection de timbres

Les systèmes de conservation et de rangement de certaines collections peuvent favoriser l'apparition de détériorations ou provoquer la dégradation des pièces. On trouve parfois des collections de timbres, chromos ou cartes postales, dont les pièces sont fixées directement sur un support inadéquat au moyen de colles d'usage courant. Ces colles peuvent provoquer des taches et auréoles, et les supports inadéquats peuvent favoriser l'apparition de *foxing* et d'acidité. Il est donc indispensable de démonter les éléments de la collection et d'éliminer les systèmes incorrects. Dans l'exemple ci-dessous, nous vous expliquons comment décoller les pièces d'une collection de timbres. Pour d'autres cas (chromos, cartes postales, estampes, etc.), il convient de s'adresser à un professionnel de la restauration.

1

Aspect partiel (deux feuilles) d'une collection de timbres. Les exemplaires ont été collés directement sur des feuilles de papier ordinaire, elles-mêmes fixées sur des cartons non adéquats pour la conservation.

2

Les timbres ont été collés sur une feuille de papier avec une colle ordinaire à l'aide de charnières de qualité inférieure. Les matériaux employés peuvent provoquer ou favoriser l'apparition de détériorations et il est donc indispensable de décoller les timbres de leur support.

3

On verse de l'eau distillée dans un bac. On place la feuille de timbres sur une feuille en fibres de polyester de dimensions légèrement supérieures et on introduit l'ensemble dans le bac, en le tenant avec soin à l'une de ses extrémités.

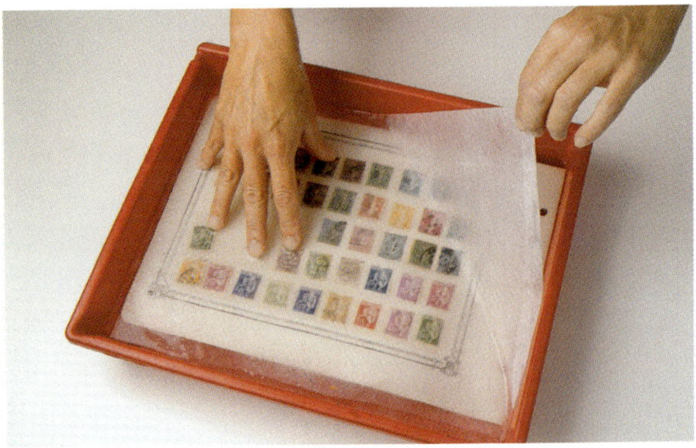

4

On place une autre feuille en fibres de polyester sur la feuille de timbres et on laisse baigner le tout durant environ 8 minutes.

5

On retire avec soin la feuille supérieure, puis on extrait les timbres avec une pince. On les pose sur une feuille en fibres de polyester superposée à un papier buvard.

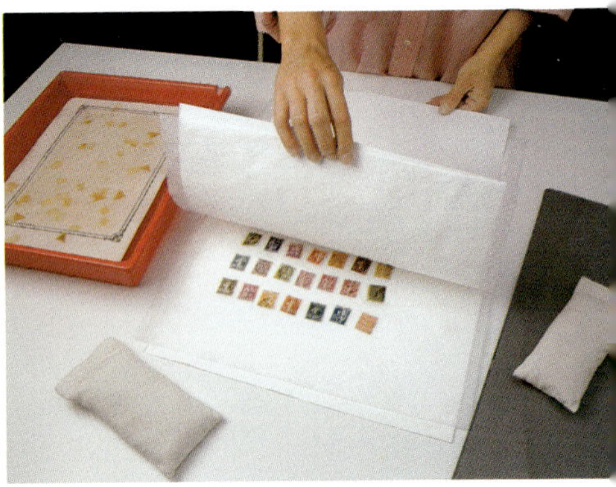

6

On recouvre d'un film de polyester et d'un papier buvard. Puis on place un élément plat et rigide sur l'ensemble (ici, une plaque de verre) et on pose par dessus des presse-papiers distribués uniformément. On laisse sécher 24 heures.

7

Les timbres, exempts de colle, peuvent être conservés dans des pochettes qui facilitent la manipulation et la consultation.

exposition

5

L'exposition de pièces, objets, documents ou œuvres fait partie de la discipline de la conservation. Les systèmes d'exposition doivent conjuguer présentation et conservation, et assurer l'intégrité et la préservation de la pièce au-delà de toute considération d'ordre esthétique ou pratique. Une exposition correcte est un moyen de préserver la pièce et d'assurer sa perdurabilité. Dans ce chapitre, nous vous montrons comment confectionner divers systèmes d'exposition, comment emballer les pièces et vous donnons de précieux conseils pour manipuler correctement des pièces en papier.

13 PAS À PAS

classement et exposition de timbres

Les systèmes et matériaux employés pour le rangement de pièces, objets, œuvres d'art ou documents à base de papier, doivent assurer leur correcte conservation. Pour le classement de timbres, il faut employer des systèmes fiables qui garantissent leur préservation et facilitent à la fois l'observation et la contemplation de la collection, tout en permettant d'effectuer des modifications ou de la réorganiser entièrement. Nous vous expliquons ici comment confectionner, d'une manière très simple, une feuille pour classeur à anneaux. Cet exemple est fourni à partir d'un modèle préexistant (voir pages 64-65), bien que la solution puisse être adaptée à tout autre format de classeur et de timbres. Il peut également servir à ranger des estampes, chromos, cartes postales, etc.

1

Le but de l'exercice est de confectionner un système pour ranger ces timbres dans un classeur à anneaux, de façon à ce que la collection soit aisément consultable.

2

On commence par découper une feuille de papier permanent en fonction des dimensions du classeur (ici, 22,4 × 31,7 cm). Ensuite, on découpe des bandes de film polyester suivant la disposition que l'on veut donner aux timbres, et leur taille (5 bandes de 2,3 cm de large sur 22 cm de long). On fixe du ruban adhésif de conservation double face (préalablement découpé en bandes d'environ 2 mm de large) sur trois côtés de la bande de film polyester.

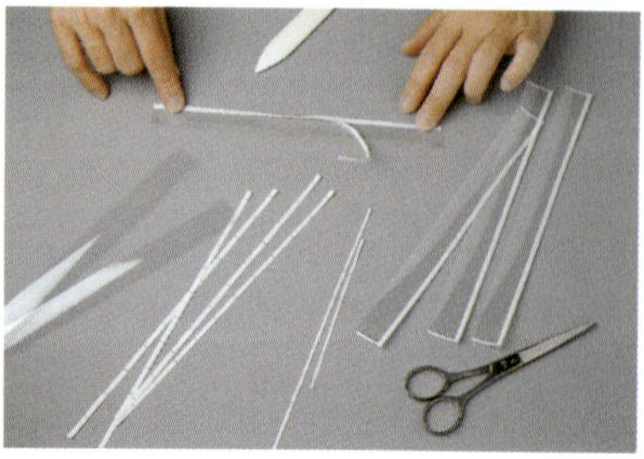

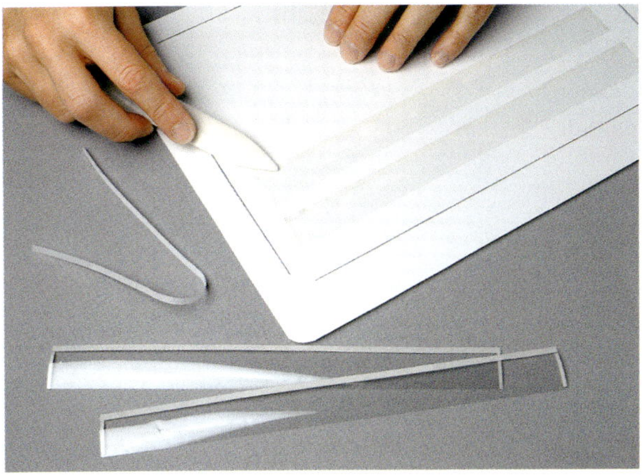

3

On centre les bandes de polyester sur la feuille de papier, à une certaine distance les unes des autres pour que les timbres ne se touchent pas et puissent être correctement manipulés (écart de 8 mm environ). On les fixe avec l'adhésif double face et on les lisse au plioir pour les faire bien adhérer à la feuille.

4

On glisse les timbres sous les bandes de polyester, en les manipulant avec une pince et des gants en coton.

5

Ce système assure la conservation correcte de n'importe quelle collection de timbres et facilite sa consultation et sa réorganisation.

14 PAS À PAS

exposition de livres

L'exposition de livres d'art, d'éditions spéciales ou renfermant des reproductions de qualité, est une solution décorative, riche en ressources et très intéressante. Les livres peuvent être exposés sur un lutrin construit au moyen de procédés lui assurant une parfaite stabilité et avec des matériaux qui assurent la conservation correcte de l'œuvre. Les feuilles, pour éviter qu'elles se déforment ou se déchirent, sont maintenues à l'aide de systèmes sûrs, tout en ne gênant pas la contemplation du livre.

1

On souhaite exposer ce livre, un traité d'architecture classique de la première moitié du XXe siècle, actuellement réédité, sur un lutrin. Sans le système de maintien des feuilles, celles-ci se recourbent et se déforment, et leur poids peut détériorer le livre, provoquer des déchirures et la détérioration de la reliure, ainsi que le détachement et la perte de feuilles ou de cahiers.

2

On découpe une bande de 2 cm de large dans un film de polyester, assez longue pour enserrer fermement le haut de la partie livre que l'on souhaite maintenir. On la dispose verticalement autour des feuilles et de la couverture de manière à ce qu'elle entoure solidement l'ensemble, et on la colle avec du ruban adhésif de conservation double face. On coupe la longueur de bande excédentaire.

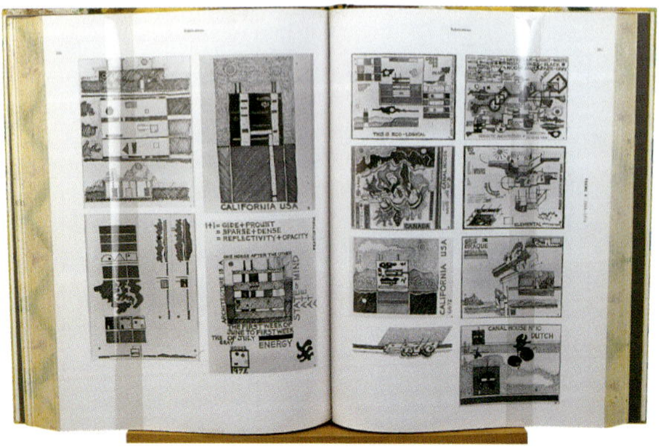

3

Aspect du livre exposé sur le lutrin. Les bandes de film polyester assurent le maintien correct des feuilles et garantissent la bonne conservation du livre.

CONSEILS POUR PRÉVENIR LA BIODÉTÉRIORATION

Les objets, œuvres d'art ou documents auxquels le papier sert de support, sont extrêmement délicats et peuvent s'altérer facilement. Ils nécessitent donc une conservation adéquate face aux agents biologiques.

	CONSÉQUENCES	PRÉVENTION
VERTÉBRÉS Rongeurs, oiseaux, chauve-souris, etc.	Peuvent ronger le papier et les reliures, occasionnant des détériorations. Souillure et taches produites par les excréments et urines, avec pour conséquence l'augmentation du taux d'humidité.	Ne pas entreposer de pièces confectionnées avec du papier dans des lieux où peuvent accéder ces animaux (greniers, caves, etc.).
INSECTES Lépisme (ou « petit poisson d'argent »), blatte, pou du livre, vrillette, termite (xylophages), etc.	Attaquent la cellulose du papier, certaines colles, encres et pigments, et certaines taches, occasionnant des érosions superficielles, orifices et galeries.	Éviter de placer les pièces dans des environnements à taux d'humidité élevé, poussiéreux et sombres. Éviter de ranger les pièces sur des étagères en bois attaquées par des insectes xylophages, car après avoir attaqué le bois, ils cherchent à se nourrir du papier. Ne pas mettre des pièces attaquées en contact avec des pièces saines. Assurer une ventilation correcte. Effectuer des nettoyages à sec périodiques.
MICRO-ORGANISMES Champignons	Attaquent la cellulose et autres matières organiques composant le papier, engendrant des taches de différentes couleurs. Le papier est alors fragilisé. Une attaque très sévère peut conduire à la putréfaction du papier et à la destruction de la pièce. Pour ce qui est des livres, l'attaque de champignons peut aussi affecter les reliures.	Éviter de placer les pièces dans des environnements au taux d'humidité élevé, poussiéreux et sombres. Ne pas mettre les pièces attaquées en contact avec des pièces saines, car les champignons se propagent avec facilité. Assurer une ventilation correcte. Effectuer des nettoyages à sec périodiques. Manipuler avec des gants les pièces attaquées.
Foxing	Produit de multiples taches irréversibles, de forme arrondie et de couleur brun jaune ; parfois d'une couleur différente au centre.	Éviter de placer les pièces dans des environnements au taux d'humidité élevé et poussiéreux. Éviter de mettre en contact la pièce avec des supports acides. Exiger des encadrements de qualité, réalisés avec des matériaux de conservation adéquats.

Pour prévenir les attaques des agents biologiques (la plupart de nature irréversible), il est recommandé d'effectuer des nettoyages en profondeur périodiques et des contrôles exhaustifs à la recherche de problèmes éventuels.

Toute intervention, comme les désinfections préventives ou curatives, doit être réalisée par un spécialiste de la restauration du papier.

système d'exposition sans colle

Les systèmes d'exposition, outre le fait qu'ils permettent d'exhiber les pièces, objets, œuvres artistiques ou documentaires, doivent assurer leur préservation. Le système retenu sera d'autant plus adéquat qu'il impliquera une intervention mineure sur l'œuvre. Ainsi, les systèmes sans colle, basés sur l'emploi de fixations, assurent une conservation correcte.

Dans cet exemple, nous vous montrons comment procéder pour confectionner un système d'exposition de type fenêtre, grâce auquel on peut exposer n'importe quelle œuvre. Il peut aussi être employé en vue d'un encadrement postérieur, ou comme simple protection pour ranger des pièces dans des boîtes.

1

On souhaite exposer cette œuvre de Daniel Machado, réalisée au crayon, à l'encre et à la gouache sur papier en 1994. Elle mesure 21,1 × 15,9 cm.

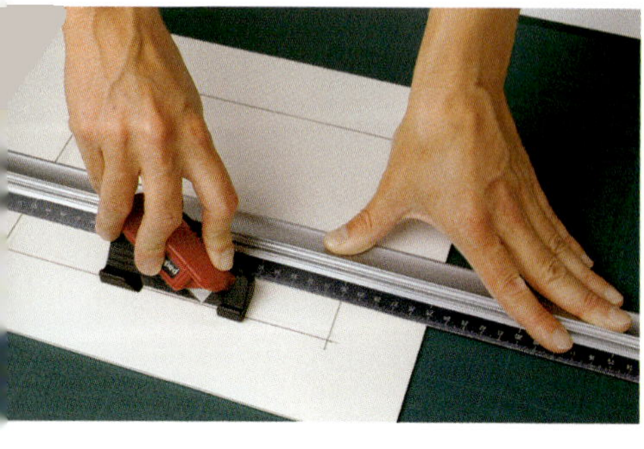

2

On découpe deux cartons de conservation de 2,4 mm d'épaisseur aux dimensions souhaitées, en ce cas 32,2 × 26,1 cm. Sur l'un d'eux, on trace au crayon, parfaitement centré, un rectangle de 20,7 × 15,3 cm. On place le carton sur le tapis de coupe et on découpe le rectangle avec la règle pourvue d'un dispositif de coupe pour biseaux. La découpe s'effectue à l'intérieur du rectangle, pour obtenir un biseau ouvert vers l'extérieur (voir illustration).

3

On élimine les barbes éventuelles du biseau avec une lime à ongles.

4

On dispose l'œuvre sur le second carton en la centrant parfaitement, de manière à ce qu'elle coïncide avec la fenêtre découpée dans le premier carton.
On la fixe avec des bandes de montage de conservation, autoadhésives, en les faisant chevaucher sur l'œuvre de 1 mm sur les bords inférieur et supérieur et de 2 mm sur les côtés.

5

On place les deux cartons côte à côte pour les assembler sur le côté. On les colle, à la manière d'un livre, avec du papier gommé légèrement humidifié à l'eau distillée. On aplanit le papier et on essuie l'excès d'humidité ou les gouttes éventuelles avec un chiffon de coton propre. On laisse sécher et on coupe l'excédent.

6

L'œuvre montée selon ce système s'intègre parfaitement à la décoration.

PAS À PAS 16

encadrement d'œuvres

Un bon encadrement assure la conservation adéquate de n'importe quelle œuvre. Les matériaux employés ont une incidence sur la préservation et l'intégrité de la pièce. Quant au système d'exposition, il conditionne la perception et la lecture de l'œuvre par le spectateur. Nous vous montrons ci-après deux manières différentes d'encadrer une œuvre, dont la fonction commune est d'en assurer la bonne conservation.

▸ encadrement sans verre de protection

Ce type d'encadrement, où l'œuvre se trouve à l'air libre, est le plus intéressant sur le plan esthétique, car il est d'une grande valeur décorative tout en permettant une parfaite contemplation de l'œuvre. On fixe l'œuvre sur une base ou sur un support qui la surélève et la sépare du fond de l'encadrement, ce qui la met ainsi au premier plan pour le spectateur. Dans tous les cas, il faut tenir compte de la profondeur du cadre.

1

On souhaite encadrer cette œuvre réalisée par Pep Camps en 2004. Élaborée au crayon et à l'aquarelle sur papier, elle mesure 27,5 × 24,5 cm. Pour l'encadrement, on emploie un cadre de série, prêt à l'emploi.

2

On découpe un carton de conservation de 2,4 mm d'épaisseur et de 24 × 21 cm, pour confectionner le premier support de l'œuvre. On confectionne deux languettes de papier Japon de 11 cm de long sur 4 cm de large, en les doublant tout d'abord par le milieu. Ensuite, on les colle à l'extrémité supérieure du carton de conservation avec de la colle méthylcellulose dissoute à 30 % dans de l'eau (30 g de colle pour un litre d'eau). On les aplanit avec le plioir en les protégeant avec une feuille de fibres de polyester et on laisse sécher.

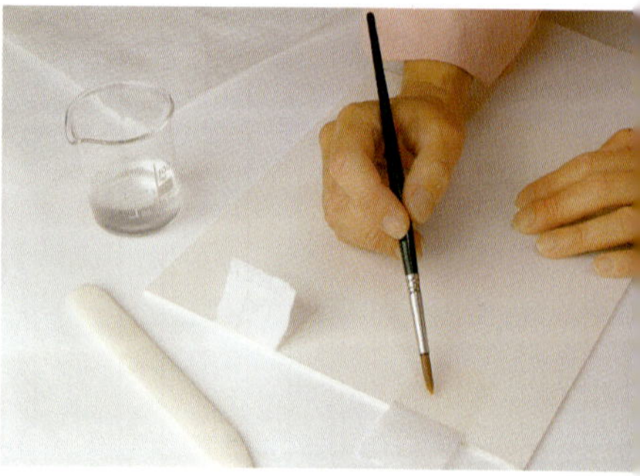

3

On colle l'extrémité libre des languettes au revers de l'œuvre selon le même processus, en laissant une marge d'environ 1,75 cm.

4

On place l'œuvre à l'envers sur un papier buvard et on intercale une feuille en fibres de polyester entre le carton de conservation et l'œuvre pour éviter que les deux languettes se collent. On pose une autre feuille en fibres de polyester sur le carton, et on met l'ensemble sous presse à l'aide d'un poids. On laisse sécher.

5

On découpe un carton-plume de 6 mm d'épaisseur aux mêmes dimensions que celles du carton de conservation et on le fixe dessus avec du ruban adhésif de conservation double face.

6

On découpe un carton de conservation (similaire au carton antérieur) de 30 × 27,5 cm et on colle le ruban adhésif double face sur le carton-plume. L'œuvre est surélevée par rapport au fond, grâce au carton-plume.

7

On dispose l'ensemble à l'intérieur du cadre et on fixe la partie postérieure avec les pièces de série.

8

Aspect du cadre accroché au mur.

encadrement de protection

Les systèmes d'encadrement sont incorrects lorsque l'œuvre est en contact avec le verre de protection. Cela peut conduire à la détérioration du papier et du matériau auquel il sert de support. Cependant, pour résoudre ce problème, il n'est pas nécessaire de changer le cadre. Il faut créer des supports dans les angles pour séparer l'œuvre de la vitre.

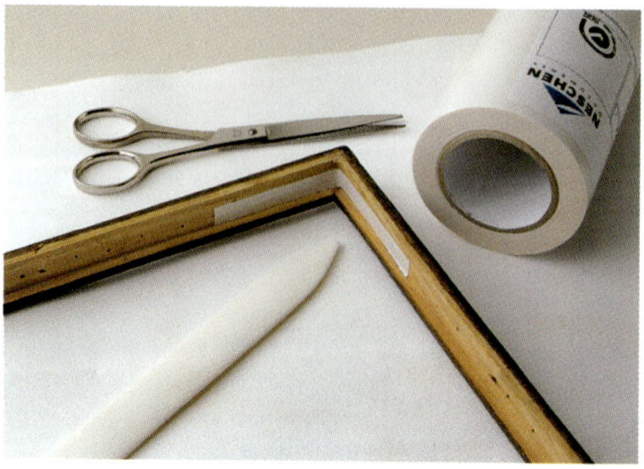

1

On découpe un morceau de ruban adhésif double face de conservation, de 10 cm de long sur 0,5 cm de large. On le fixe sur la tranche intérieure du cadre, juste au-dessus du verre, et on l'aplanit au plioir.

2

On découpe un triangle de 5 × 5 × 7 cm de côté dans un carton de conservation de 2,4 mm d'épaisseur. On retire le papier de protection du ruban adhésif et on fixe le carton de manière à ce qu'il soit en contact avec la face inférieure du verre. On procède ainsi dans tous les angles.

3

On place l'œuvre à l'intérieur du cadre, sur les coins triangulaires. Puis on lui superpose un carton de conservation et le panneau de bois postérieur.

4

On fixe le panneau de bois avec des pointes, système d'origine de ce type d'encadrement. Puis on en masque le pourtour avec du papier gommé humidifié à l'eau. On l'aplanit et on le fait adhérer avec un chiffon sec, en insistant si nécessaire avec le plioir pour le lisser parfaitement.

5

L'œuvre, une eau-forte de José Maria Porta datée de 1946, est correctement encadrée. Les coins ne gênent pas sa contemplation et assurent sa bonne conservation.

17 PAS À PAS

pochettes pour chromos et cartes postales

Pour conserver correctement chromos et cartes postales, il est nécessaire de les ranger dans des boîtes (confectionnées avec du carton de conservation), à l'intérieur de pochettes spéciales. On peut trouver ces pochettes dans les commerces spécialisés en restauration, ou les fabriquer soi-même. Leur réalisation est simple et moins coûteuse et permet d'obtenir des pochettes à la dimension exacte des pièces.
Nous vous expliquons ci-après comment confectionner trois pochettes ou enveloppes pour chromos ou cartes postales, bien qu'elles puissent aussi servir à conserver photos et estampes, entre autres.

1

Il s'agit ici de protéger et conserver une collection de cartes postales et chromos anciens.

2

Pour protéger certaines cartes postales, on fabrique une pochette à quatre rabats en papier Barrière. On mesure les cartes postales (9 × 13,8 cm) et on trace au centre du papier Barrière un rectangle de 9,2 × 14 cm ; comme elle doit loger la carte postale, elle doit être de dimensions légèrement supérieures. On trace quatre rectangles en forme de croix de la même dimension, mais avec 1 mm de moins à chaque extrémité, de telle sorte qu'ils mesurent 9 × 13,8 cm.

3

On obtient une croix aux branches légèrement plus courtes que le rectangle central. On découpe la croix et on replie les rabats sur le rectangle central.

4

Pour protéger d'autres cartes postales, on confectionne des pochettes en film polyester. On découpe un morceau de film de 19,6 × 15 cm, puis on fixe un morceau de ruban adhésif double face de conservation (de 2 mm de large) sur les moitiés opposées des deux grands côtés (voir dessin) et on plie le film en deux en le faisant adhérer.

5

Le chromo (5,7 × 16,2 cm) sera rangé dans une pochette en film polyester. Avec un crayon gras, on trace sur le film un rectangle de 13,2 × 16,4 cm. Dans sa partie inférieure, on trace une ligne de pliure à 1,3 cm du côté inférieur et on signale un rabat en ramenant le côté inférieur à 16,2 cm de longueur. On indique une seconde ligne de pliure à 6 cm du côté supérieur, de façon à obtenir un rectangle central de 6 × 16,4 cm où le chromo trouvera sa place. On marque sur les côtés du rectangle central obtenu (5,9 cm de largeur) deux rabats de 1,3 cm de large et 5,8 cm de longueur externe, découpés en biseau dans les angles. On découpe le film suivant les lignes puis on effectue le pliage et on élimine les marques de crayon à l'alcool.

6

Aspect des pièces à l'intérieur des pochettes de conservation.

PAS À PAS

18 emballage d'œuvres encadrées

Il convient d'emballer et de manipuler avec précaution les œuvres encadrées qui doivent être transportées. Ces œuvres sont, en général, protégées par une vitre qui, en cas d'accident, peut se casser et provoquer des déchirures et autres détériorations. Pour éviter cela, on protège la vitre avec du ruban adhésif qui, en cas de rupture du verre, en retiendra les fragments. Il faut également protéger les angles des cadres et les envelopper entièrement dans du plastique bulle (bulles tournées vers l'extérieur).

1

Étude de modèle, pastel sur papier, de Montse Bosch, 1994. L'œuvre est encadrée à l'aide de matériaux qui assurent sa conservation ; elle est protégée par une vitre.

2

Pour la transporter, on colle du ruban de masquage sur la vitre. On forme une croix, de manière à ce qu'il couvre entièrement la vitre.

3

On protège les angles du cadre avec des bandes de carton épais, que l'on maintient avec du ruban adhésif sur la partie frontale et arrière du cadre, en évitant qu'il entre en contact avec le bois du cadre. Ensuite, on l'enveloppe entièrement dans un morceau de plastique bulle.

CONSEILS POUR LA MANIPULATION ET L'EXPOSITION D'UNE ŒUVRE SUR PAPIER

Les principales causes de détérioration des objets, documents ou œuvres sur papier, sont celles provoquées par l'être humain.

Une manipulation incorrecte, une installation et exposition déficientes, ou une mauvaise restauration, peuvent compromettre sérieusement l'intégrité de la pièce, voire provoquer sa dégradation générale et sa perte.

DÉTÉRIORATIONS FRÉQUENTES	Pliures, plis ou déchirures à cause d'une mauvaise manipulation, qui peuvent entraîner la perte de certaines parties.
	Taches et marques dues à une manipulation incorrecte ou à l'ajout d'éléments déconseillés (colles, rubans adhésifs ou pièces métalliques).
	Décoloration ou changements de couleur de l'œuvre à cause d'une mauvaise restauration.
	Perte de la couche ayant pour support le papier, du fait d'un encadrement incorrect.
	Déformation des pièces à cause de la pression due à une mauvaise manipulation.
	Déformation des feuilles et détérioration de la reliure des livres en raison d'une installation ou exposition inadéquate.

PRATIQUES CONSEILLÉES

Les œuvres, documents ou livres délicats se manipulent avec des gants blancs en coton bien propres et doivent être observés ou consultés sur une surface horizontale, assez vaste pour assurer leur intégrité.

Il ne faut en aucun cas écrire sur les pièces ou exercer une pression sur elles.

Il ne faut pas utiliser d'éléments métalliques, comme des agrafes ou clips, ou des rubans autoadhésifs, ou manger ou boire à proximité d'une pièce en papier.

LIVRES	Les livres de grand format, très lourds ou délicats, doivent être conservés en position horizontale (à plat), sur de larges étagères. Il ne faut pas y laisser de marque-page. Si l'on veut les exposer, il faut les présenter ouverts sur un lutrin avec un système adéquat de maintien des pages (selon l'exemple exposé, p. 70). Il ne faut en aucun cas placer des fleurs ou plantes entre les pages.
AFFICHES, GRAVURES ET ŒUVRES DE GRAND FORMAT	On les garde toujours à plat, sans les plier ou les enrouler, dans des cartons à dessin ou porte-documents spéciaux, séparées par des feuilles de papier Barrière. Si on préfère les ranger dans des boîtes, il faut placer les œuvres de grand format dans la partie inférieure et les autres par-dessus, en les séparant toujours avec du papier Barrière.
CARTES POSTALES, PHOTOS ET ŒUVRES SIMILAIRES	On les range séparément dans des pochettes fabriquées sur mesure (suivant l'exemple exposé, p. 78), les pochettes étant placées verticalement dans des boîtes de conservation.
ENCADREMENT	L'encadrement doit assurer la bonne conservation de la pièce et ne pas nuire à son intégrité. Il doit être réalisé à l'aide de matériaux de conservation et faire appel à des systèmes de fixation adéquats. La vitre de protection ne doit en aucun cas entrer en contact avec la pièce. Si vous ne réalisez pas vous-même l'encadrement, adressez-vous à un professionnel expérimenté, en lui demandant d'employer les matériaux et systèmes de conservation pertinents. En cas de doute, obtenez le plus d'informations possible sur les matériaux et systèmes employés par l'encadreur professionnel.

Ne faites pas passer la conservation correcte de la pièce après des critères d'exposition purement esthétiques, mais optez pour des systèmes qui garantissent sa conservation.

19 PAS À PAS

exposition de photographies

L'exposition de photographies constitue un précieux recours décoratif. Leur mise en valeur, soit individuelle soit sous forme de composition, décore très bien une pièce. Les photographies peuvent être intégrées à tout style décoratif. Traditionnellement, elles sont encadrées à la manière de tableaux. Ce système d'exposition les met en valeur.

Nous vous montrons ici comment exposer des photos à l'aide d'un système simple, qui n'influe pas sur la contemplation de l'œuvre. Esthétiquement neutre, ce système peut s'intégrer à n'importe quel environnement, suivant la couleur du support, et se fixe au mur sans nécessiter le perçage de trous.

1

On souhaite décorer un mur d'une série de 13 photographies, qui sont les souvenirs d'un voyage.

2

Les photographies mesurent 19 × 13 cm. Certaines ont un format paysage, d'autres un cadrage vertical. On découpe 13 supports de 21 × 21 cm en carton-plume de couleur blanche (couleur du mur). On colle les photographies, bien centrées, sur les supports en carton-plume à l'aide d'une colle en bâtonnet.

3

On superpose à la photographie une feuille en fibres de polyester et un papier buvard, puis une petite tablette sur laquelle on pose des presse-papiers. On laisse sécher 24 heures.

4

On fixe deux morceaux de tissu autoaggripant ou velcro, à base autoadhérente sur la partie postérieure du support. On retire les films de protection et on colle les supports sur le mur, selon la disposition retenue.

5

Aspect des photographies fixées au mur.

matériaux et outils

6

Vous trouverez dans ce chapitre les matériaux et outils employés dans les démonstrations de cet ouvrage. Nous présentons, de manière générale, leurs principales caractéristiques, en indiquant, le cas échéant, les précautions d'emploi. Nous avons choisi de ne citer que les matériaux spéciaux de conservation ou d'usage très particulier pour l'exposition de pièces, objets, œuvres artistiques ou documentaires, mais pas les matériaux et outils d'usage courant car ils font partie de la panoplie de base du bricoleur et n'appartiennent pas au seul domaine de la conservation et de la restauration.

Certains matériaux et outils employés dans cet ouvrage sont très faciles à acquérir dans n'importe quel commerce, tandis que d'autres doivent être achetés dans des magasins spécialisés. On les trouve cependant sans difficulté chez les marchands de fournitures pour les beaux-arts et, bien que leur coût soit plus élevé, ils ne constituent pas un gros investissement.

matériaux

pour nettoyer et dissoudre

gomme à effacer

Elle sert au nettoyage mécanique et à sec des pièces. On l'utilise comme telle, sous forme de pain, pour le nettoyage des livres ou œuvres imprimées mais également en copeaux finement râpés, pour éliminer la saleté superficielle des gravures et œuvres imprimées, ou encore des aquarelles et des gouaches. Elle ne doit en aucun cas être employée sur des œuvres partiellement ou entièrement élaborées au crayon, fusain ou pastel.

eau distillée

En restauration, on emploie de l'eau distillée, qui est neutre. On l'utilise pour la préparation de certains produits, comme la colle méthylcellulose, pour humidifier ou ramollir certains matériaux et, surtout, comme dissolvant pour décoller des pièces ou les nettoyer. Elle présente une tension superficielle importante et il convient donc de lui ajouter un tensioactif pour effectuer certains nettoyages spécifiques.

Gommes à dessin (A), gomme-chaussette (B), crayon-gomme (C), porte-gomme ou gomme-stick (D).

alcool

L'alcool éthylique ou éthanol est un dissolvant liquide incolore, odorant et volatil. Il sert à dissoudre une grande partie des colles et s'emploie donc pour les nettoyages et l'élimination de taches produites par les colles et rubans adhésifs. Ses vapeurs ne sont pas considérées comme toxiques, mais comme il est aisément inflammable, il faut l'employer dans des lieux ventilés.

acétone

L'acétone est un dissolvant liquide incolore, d'odeur douceâtre caractéristique, très volatil. Elle dissout les graisses, huiles et cires, et la majorité des colles. On l'emploie dans les processus de nettoyage quand les dissolvants plus doux, l'eau et l'alcool, ne sont pas efficaces. Elle est facilement inflammable et doit donc être stockée loin de toute source de chaleur. Quand on l'utilise, il faut porter des gants pour qu'elle n'entre pas en contact avec la peau, un masque antivapeurs et des lunettes de protection.

savon liquide neutre

Les savons ou détergents sont des tensioactifs synthétiques. Les tensioactifs sont des composés solubles dans l'eau qui diminuent la tension superficielle de cette dernière, facilitant la dissolution de la saleté. En restauration, on emploie du savon liquide neutre (pH 7) pour le nettoyage de photographies en couleurs récentes.

Gomme en poudre (A), alcool (B), acétone (C), savon liquide neutre (D).

pour exposer

carton de conservation

Carton de qualité supérieure avec lequel on élabore les systèmes d'exposition et de rangement. Fabriqué avec de la pulpe de bois raffinée, il est exempt de composants acides et de lignine. Il s'agit de cartons neutres (pH 7), bien que certains, suivant le fabricant, peuvent présenter un pH supérieur (8,5), ce qui signifie qu'ils sont alcalins.

carton-plume

Il est formé d'une feuille de mousse *(foam)* prise entre deux cartons. Il offre un support rigide et résistant, léger, pour l'exposition et le montage de pièces.

film polyester

Produit fabriqué à base de téréphtalate de polyéthylène. Il est commercialisé sous différentes marques (Mylar, Melinex, etc.) sous forme de films d'une grande finesse. Il offre une grande résistance et est inerte. On l'emploie pour confectionner des pochettes de conservation et des systèmes de maintien pour exposition.

Papier gommé (A), ruban adhésif double face de conservation (B), ruban adhésif double face (C), film polyester (D), carton de conservation (E), carton-plume (F), bandes de montage (G), cornières de montage (H).

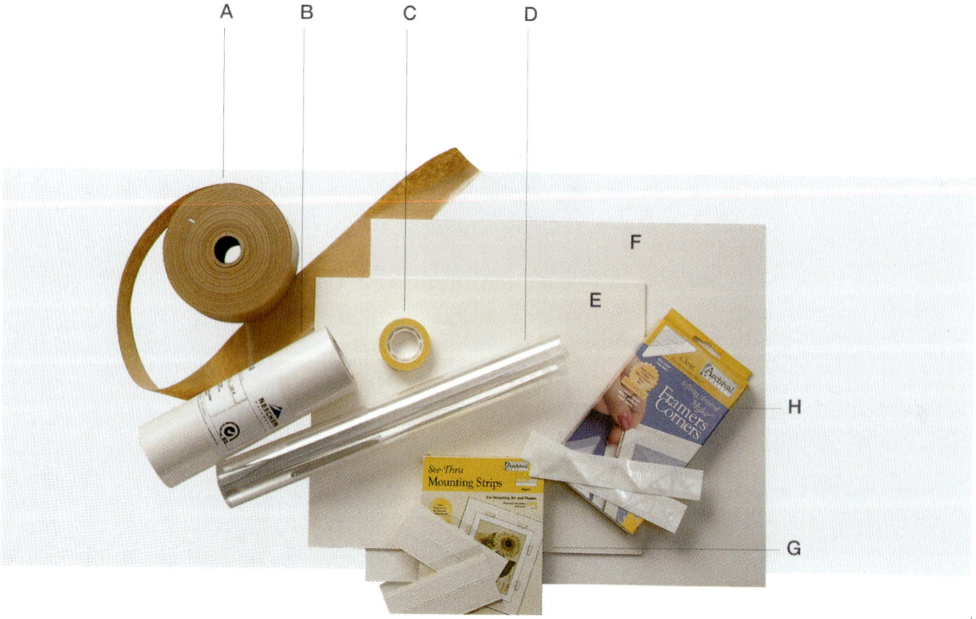

papier gommé

Bande de papier kraft dont l'une des faces est recouverte d'une couche de colle qui devient adhésive quand on l'humidifie. D'emploi courant dans l'encadrement et certains travaux manuels, on l'utilise pour assembler certains systèmes d'exposition et masquer les assemblages des cadres.

ruban adhésif double face de conservation

Ruban à deux faces recouvertes d'un produit autoadhésif neutre et, par conséquent, non acide, qui ne vieillit pas et ne jaunit pas.

bandes de montage

Confectionnées avec du polyester et du papier exempt d'acide (de conservation) avec une face autoadhésive. S'emploient dans les systèmes d'exposition, pour le montage sans colle de pièces sur un support. L'adhésif n'entre pas en contact avec la pièce.

▸ pour contrôler l'acidité

indicateurs de pH

Ce sont des languettes, en général en matière plastique, pourvues à l'une de leurs extrémités d'une substance qui change de couleur selon le pH quand elle entre en contact avec un support humide ou un liquide. Elles s'emploient pour contrôler, par approximation, le pH du papier, en comparant la couleur de la languette à l'échelle de couleurs figurant sur l'emballage. On les trouve en pharmacie.

Indicateurs de pH.

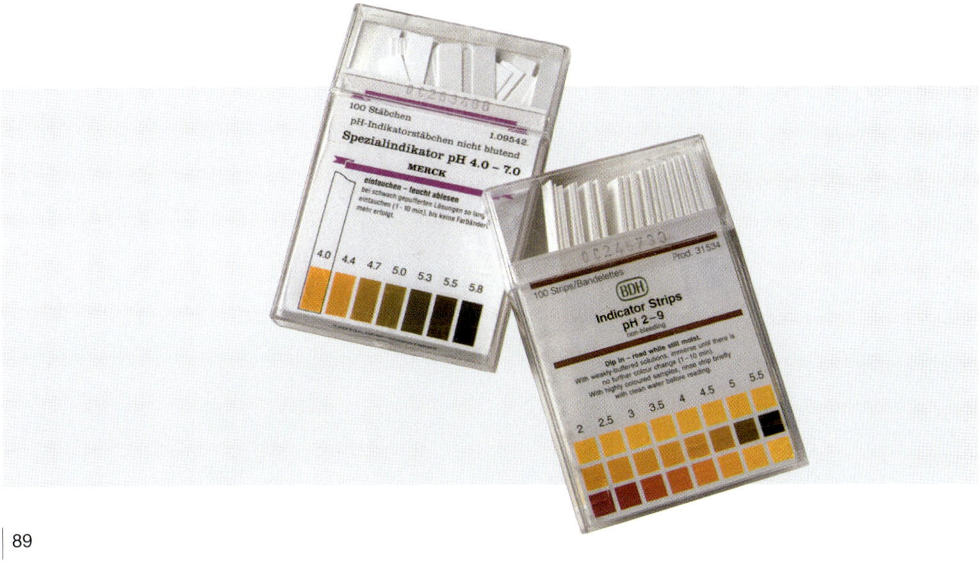

▸ pour désacidifier et coller

désacidifiants

Composés chimiques alcalins, à base d'oxyde de manganèse ou autres substances, qui servent à neutraliser l'acidité du papier. Les particules alcalines se fixent sur et entre les fibres du papier, en neutralisant l'acidité. Commercialisés sous différentes marques (Booksaver, Bookkeeper), ils s'emploient avec un pulvérisateur.

ruban adhésif de conservation

Ruban adhésif en papier Japon. Totalement exempt d'acide, il porte un adhésif réversible, qui ne s'oxyde pas avec le temps. S'emploie pour renforcer et fixer les pièces.

colle méthylcellulose

Colle inerte et non toxique qui s'emploie pour les assemblages de pièces en papier. Pour la préparer, on la dissout dans de l'eau distillée en différentes proportions selon son emploi.

colle d'acétate de polyvinyle (PVA) de pH neutre

Colle synthétique composée à partir de résines vinyliques, les acétates de polyvinyle ou PVA. La colle d'acétate de polyvinyle pour la conservation est neutre, a une grande force adhésive et forme des films très flexibles. Elle est stable, résistante à la lumière et à l'oxydation.

Colle d'acétate de polyvinyle neutre (A), désacidifiants (B), colle méthylcellulose (C), ruban adhésif de conservation (D).

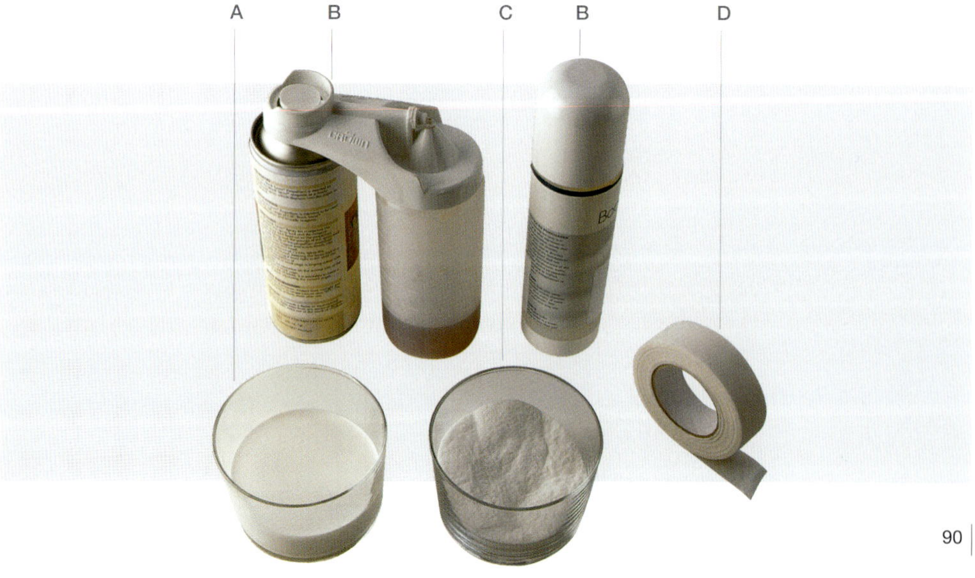

▸ matériaux auxiliaires

papier buvard

Papier épais, de fort grammage, spongieux et exempt de colle, qui s'emploie pour absorber l'humidité ou des résidus éventuels de liquide.

feuilles en fibres de polyester

Le polyester est également fabriqué en filaments qui, assemblés aléatoirement au moyen d'un processus de fabrication spécial, forment un matériau semblable à du tissu, mais sans en avoir la structure (non tissé). On le trouve sous la marque Reemay®.

mousses de polyéthylène

Réalisées avec du polyéthylène (un matériau inerte) alvéolaire non réticulé, on s'en sert comme supports des pièces durant la restauration.

aquarelle

S'emploie pour réaliser de petites retouches sur les pièces, afin d'harmoniser la couleur des lacunes ou parties ajoutées au reste de la pièce.

Mousse de polyéthylène (A), feuille en non tissé (B), papier buvard (C), aquarelle (D), crayon gras (E), crayon soluble dans l'eau (F).

outils

▸ pour appliquer et nettoyer

brosses plates et pinceaux fins

Les brosses plates sont des brosses de section rectangulaire à poils courts et doux. On les emploie dans les nettoyages pour éliminer la poussière et les résidus de particules.
Les pinceaux fins servent à humidifier le papier avec de l'eau distillée, appliquer des colles et effectuer des retouches. Dans ce dernier cas, les plus recommandés sont les pinceaux ronds à pointe fine et à poils doux.

spatules

Elles sont composées d'une fine lame d'acier flexible maintenue par un manche. On s'en sert pour déposer, mélanger ou appliquer des produits.

pince

On l'utilise pour saisir et disposer des pièces délicates de petite taille.

scalpel

Instrument chirurgical doté d'un manche et de lames interchangeables de formes et tailles diverses en fonction du travail que l'on veut effectuer. On l'utilise pour effectuer des découpes nettes et profondes ou, dans les nettoyages, pour racler et extraire des résidus de colle.

Pince (A), lame de scalpel (B), scalpel (C), spatule (D), pinceau fin (E), brosse plate (F).

▸ pour aplanir

plioir

Outil plat de forme rectangulaire, avec une extrémité en pointe et l'autre arrondie. On s'en sert pour plier, aplanir et faire adhérer le papier. Bien que les plioirs de qualité supérieure soient fabriqués en ivoire, ceux que l'on trouve aujourd'hui le plus couramment sont en matière plastique, ou encore en téflon, un matériau qui glisse à la perfection sur le papier.

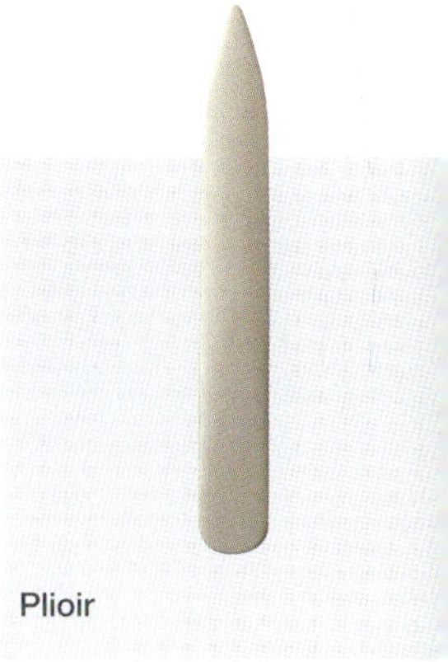

Plioir

poids

On les emploie pour aplanir la pièce durant le temps de séchage de la colle, de façon à assurer sa parfaite fixation.

presse-papiers

Les presse-papiers sont faciles à confectionner. On verse une certaine quantité de billes de plomb ou de sable (ce dernier dans un sachet plastique) à l'intérieur d'un petit sac de toile dont on coud l'extrémité. Puis on le place dans une petite pochette en coton (préalablement lavée, pour éliminer l'apprêt) avec une bande Velcro® à l'une de ses extrémités pour la fermer.

tablettes

On s'en sert pour couvrir les pièces que l'on veut aplanir, en y répartissant les poids par dessus, de manière uniforme. Les plus indiquées sont celles recouvertes de mélamine. On peut aussi utiliser des plaques de verre.

Poids (A), presse-papiers (B), tablette (C).

pour encadrer et exposer

tapis de coupe

Tapis en matière plastique très dur et résistant, offrant une surface idéale pour effectuer des découpes sans laisser de marques ou entailles. Sa surface est quadrillée pour faciliter le travail.

règle métallique

Règle épaisse en aluminium à base caoutchoutée, avec un côté biseauté et un autre coupé à niveau. Elle ne dérape pas et peut être employée comme guide pour couper au cutter.

règle de coupe

Règle métallique pourvue dans sa partie supérieure de glissières où s'emboîte et se déplace un système de coupe qui permet d'effectuer des coupes précises en biseau. S'emploie pour confectionner des passe-partout.

Tapis de coupe (A), règle de coupe et système de coupe (B), règle métallique (C).

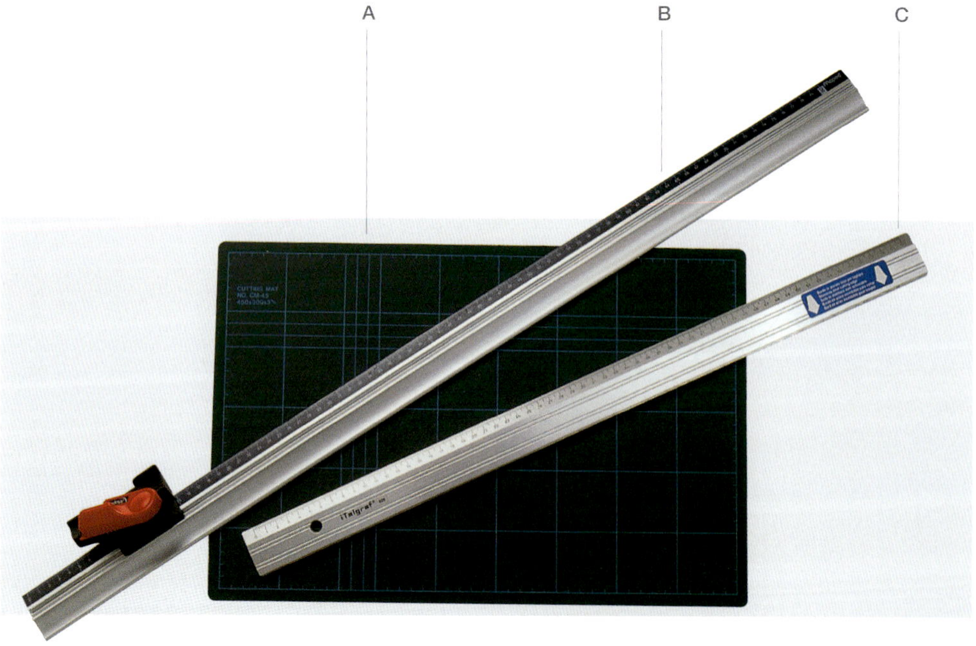

outils auxiliaires

seringues

Elles sont très utiles pour déposer de petites quantités de liquide, par exemple de l'eau distillée sur le papier pour en vérifier le pH.

cutter

Le cutter sert à effectuer des coupes précises, en association avec la règle métallique. Il est utile pour couper le carton de conservation et le carton-plume, qu'il ne faut pas couper avec des ciseaux.

limes

Les limes à ongles d'usage courant s'emploient pour éliminer les barbes du carton de conservation dans les systèmes d'exposition.

bac

On l'emploie pour ramollir les pièces dans de l'eau distillée, dans certains processus de nettoyage.

Seringue (A), ciseaux (B), cutter (C), limes (D), plaque de verre (E), bac (F).

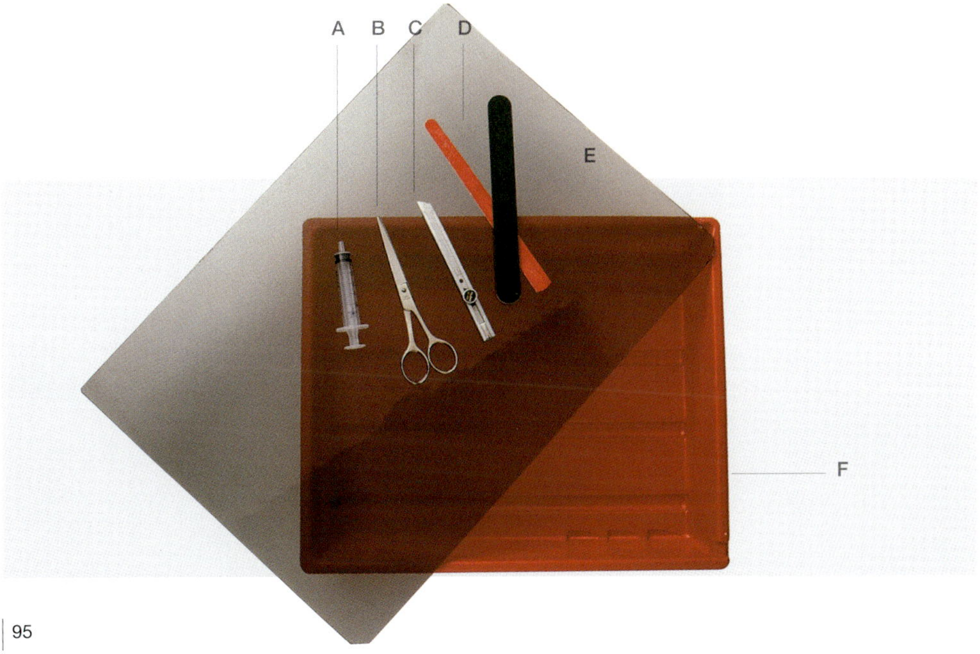

Remerciements

Nous souhaitons remercier :
Les Éditions Parramón de nous avoir accordé leur confiance pour ce projet, mais aussi toute l'équipe pour l'amitié qu'elle nous a exprimée. Merci également à l'équipe de Nos & Soto pour leur aide inestimable.

Les professionnels, qui nous ont généreusement prêté les œuvres et le matériel sans lesquels ce livre n'aurait pu voir le jour :
Heliodoro Ayala, David Bachiller, Isabel Díaz, Dominique Duniau, Escola d'Arts i Oficis de la Diputació de Barcelona, Montse López Izquierdo, Juan Puig Marcet, Mayka Ruano, Marga Sala, Elvira Sánchez, Joan Soto, Familia Vinent, Elena Zendrera, Eva Zendrera

Barna Paper
c. Rosselló, 276, 08037 Barcelona
e-mail: paper@barna-art.com

Escuela de dibujo y pintura Montse Bosch Cavedo
c. Provença, 332, entlo, 08037 Barcelona
e-mail: montse@mboschcavedo.com

Pep Camps
P°. Picasso, 22, 1-1, 08003 Barcelona
e-mail: pep_camps@yahoo.es

Núria Gallifa
e-mail: ngallifa@terra.es

Daniel Machado
c. Lepant, 298, 3-2, 08025 Barcelona
e-mail: danielmachado@terra.es

Isabel Ayala, Eva Pascual y Mireia Patiño

À Ramón Díaz Peñate, mon oncle, avec qui j'ai passé de si bons moments, pour son amour et sa tendresse.

Isabel Ayala